日本の方言

JN083031

佐藤亮一

角川文庫
22719

目　次

序——方言とは何か

　方言 (dialect) とは、それぞれの地域の人々が話している言語である。厳密に言えば、その地域に生まれ育った人が、同じ地域の親しい人と話すときのことば（の総体）である。

　日本は方言の豊かな（ことばの地域差の大きい）国である。青森の人と鹿児島の人がそれぞれの方言で話してもまったく通じない。したがって、よその地方の人と話すときには共通語を使う。戦前までは共通語を使えない人が多かったが、現代では老いも若きも方言と共通語を使い分けて生活している。

　共通語 (common language) とは、地域を越えて広く使われる言語または方言のことである。英語は世界の共通語になりつつある。現代の日本では、東京で使われていることば（東京方言）が共通語として使われている。同じ東京でも、昔は山の手と下町でかなりの違いがあった。しかし今では、首都圏に住む大多数の人々のことばに大

きな違いは見られない。したがって、現代では首都圏方言が共通語として機能しているとも言える。

日本語は地域差が大きいが、一方で地域差のほとんど見られないことばも少なくない。空、雨、竹、机、学校、テレビ、ラジオなどは、こまかい音声やアクセントの違いは別として、全国で同じことばが使われている。したがって、これらもそれぞれの地域の方言の一部である。「さつまいも」を意味する九州地方の「カライモ」のように共通語と語形の異なる単語や、「捨てる」を意味する東北地方の「ナゲル」のように共通語と語形が同じで意味が異なる単語は、俚言（りげん）と呼んで方言とは区別される。

しかし一般には、この俚言を指して方言と呼ぶことが多い。

共通語と似た意味のことばに標準語（standard language）がある。共通語と標準語は同じ意味で使われることもあるが、厳密には区別すべき概念である。共通語は（スピーチをするときのような）あらたまった場面や、よその地方の人との会話などで現実に使われている話しことばである。それに対して、標準語は、人々が規範として正しいと認識していることば（言語形式）であり、書きことば的な性格が強い。ラジオやテレビのニュースで使われていることばは標準語である。同じメディアでも、インタビューや対談などのニュースで話されていることばは共通語である。具体例をあげれば、「し

ょっぱい」「こわい」「行っちゃった」「行ってしまった」などは共通語であり、「塩辛い」「おそろしい」「行ってしまった」が標準語である。「見れる」「来れる」などの「ラ抜きことば」は今のところ標準語と認められていないが、この言い方は全国に広がりつつあり、共通語になりつつあると言えるだろう（Ⅵ参照）。

　同じ地域でも、高年層と若年層の使うことばには大きな違いがある。昔は職業や社会階層による言語差が大きかった。たとえば、同じ村でも、地主と小作人では「父」「母」の呼び方が違っていた。ある種の階層の女性が使っていた「ザアマスことば」もあった。このように、ことばづかいに世代差や階層差が見られるとき、それぞれの世代・階層の使う言語・表現は社会方言（social dialect）と呼ばれる。若者ことばは社会方言の一種である。社会方言に対して、地域差に着目した言語の違いは地域方言（local dialect）と呼ばれる。とくに、ことわりなしに方言と言えば、地域方言を指すのがふつうである。

　方言は地域社会をまとめるはたらきをもっている。つまり、方言は地域のアイデンティティーなのである。昔は地域社会の最小単位は小字であった。消防団などは小字ごとに集会を開いていた。したがって、方言は小字ごとに違っている。

　方言はなぜ生まれるのだろうか。

　ことばは時代とともに少しずつ変化していく。現代でも、高年層と若年層のことば
は違う。明治時代と現代では、ことばづかいにかなりの差が見られる。奈良時代、平
安時代、鎌倉・室町時代、江戸時代、現代の言語差はきわめて大きい。

　交通網が発達している現代とは異なり、昔は地方に住む人々どうしの交流はほとん
どなく、ごく一部の人を除いて、多くの人は自分が生まれた村や町を離れることがな
かった。そのために、各地でことばが違う方向に変化し、ことばの地域差（方言）が
生まれたのである。

　日本の方言が生まれた時期は明白ではない。しかし、少なくとも一〇〇〇年以上前
にはすでに、全国にさまざまな方言があったと考えられる。『万葉集』の東歌（巻一
四）と防人歌（巻二〇）には、東国（東日本）の方言が記載されている。

　東歌では、たとえば「父母」を指すことばは「あもしし」、「ことば」は「けとば」
と書きあらわされている。「あも」は母、「しし」は「父」の意味であり、現代の「ちちは
は」と順番が逆の表現になっていることはおもしろい。「ふろよき」（降る雪）、「あしけ
ひと」（悪しき人）などの語形も見られる。このような東歌に見られることばの一部
は、現代の八丈島方言の中に残っている。現在、東日本で使われている打ち消しの助

動詞「ない」（例＝読まない）は、『万葉集』の東国方言「なふ」の変化と考えられている。西日本方言の打ち消しの「ん」（例＝読まん）は古語「ぬ」の変化である。

方言は、政治・文化の中心地から、水の波紋のように周辺に広がっていく。したがって、日本で使われている方言には奈良や京都で生まれ、地方で独自の変化をとげたものが多い。たとえば、平安時代に京都で使われていた「つらら（氷柱）」を意味する「たるひ」は、タルヒ・タロッペ（東北）、タルキ・タンタルキ（北陸）、タロミ・タロョン（九州）などの形で日本の周辺地域に残っている（I参照）。柳田國男の唱えた「方言周圏論」は、この事実をもとに論じたものである。

ちなみに、方言が地方に伝わっていく速度は、年速約一キロメートルという研究がある。京都で生まれたことばが青森に到達するには一〇〇〇年以上かかることになる。

I

自然

かみなり（雷）——昔は「ナルカミ」（鳴神）と言っていた

「かみなり」の語源が「神鳴り」であることはご存じだろうか。現代人は、この語源をそれほど意識していないだろう。「雷」は恐ろしいものであり、畏敬すべきものであるから、方言の世界ではカミナリサマ、オカミナリサマのように敬称をつけて呼んでいるところが多い。「雷」を単にカミサマという地域もあるが、そのような地域では雷が鳴ると「神様が鳴っている」「神様が来た」のように表現するのであろうか。

沖縄本島ではカミナリの変化形であるカンナミが多い。沖縄の先島諸島（宮古・八重山諸島など）ではカムトゥユムと言っているが、これは「神が鳴り響いている」という意味と思われる。

中国・四国・九州の一部、能登半島、青森県の下北半島では、ナルカミ（サマ）と言っている。「鳴る神」は「神鳴り」よりも古い語形で、万葉集にも用例がある。ナルカミ（サマ）という方言は日本の両端に分布しており、その分布から見ても古い表現であることが分かる。このように、中央に語形Ｂがあり、その両側の地域に語形Ａ

が存在するという分布形態を、方言学・言語地理学の分野では「周圏分布」または「ABA分布」と呼ぶ。

　周圏分布・ABA分布・方言周圏論　ある語形を中心として、同じ語形がその周辺（両側）に分布している状態を言い、より外側にある語形ほど古いと推定される。ABA分布は、語形AAA（地域差なし）のところに新たに語形Bが生まれたために、Aが周辺に残ったと推定する。ABCBAの分布が見られれば、Cの地域でA→B→Cの順序で語が交替した（生まれた）と推定する。柳田國男が『蝸牛考』（一九三〇年）で提示した理論で、「方言周圏論」として有名である。

　高知に見られる**オナリ**も、ナルカミの変化であろう。福井西部から京都北部にかけては、**ハタガミ**が見られる。これは「はたたく神」の意の「はたたがみ」が変化した形で、平安時代の辞書にも載っている古い語である（「はたたく」は「雷などがはげしく鳴る」という意味の動詞）。東北地方の日本海沿岸で獲れる「はたはた」という魚は、雷が多い季節（一一月頃）

秋田では冬に雷が鳴るという）に獲れるのでこの名がつけられたと言われている。「はたはた」は「かみなりうお」とも言い、秋田名物「しょっつる鍋」の具としても使われる。

　長野北部や秋田・山形の一部では、**カンダチ（サマ）**、**オカンダチ（サマ）**と言っており、語源は「神立ち」である。「立つ」の本来の意味は「自然現象が目に見える形で現れる」ことで、「夕立」は午後から夕方にかけて起こる自然現象のことを言い、ほかに「雲が立つ」「虹が立つ」といった表現もある。

　長野南部・岐阜南部・愛知全域・兵庫全域では、「雷」を**ユーダチ（サマ）**、**ヨーダチ（サマ）**と言っている。この地方では「夕立」と「雷」を区別せず、同じことばであらわすらしい。岩手北部では、逆に「夕立」をカンダチと言っている。

　岩手・宮城・福島・茨城・栃木では、「雷」を音読みにした**ライ（サマ）**、**オライ（サマ）**である。方言の多くは和語（昔からの日本のことば）であり「雷」のように漢語（中国から入ってきたことば）が方言として使われる例は比較的めずらしい。秋田北部には**ランプ**という変わった呼称が見られるが、その周辺はライ（サマ）であるから、ランプも「らい（雷）」の変化かと思われる。しかしこれは、雷が鳴るときの稲光から照明道具の「ランプ」を想像して語形の変化がおきた可能性もある。このように、

語源に対する民衆の意識から語形が変化したり、新しい語形が生まれたりすることを「民衆語源」という。

広島・香川・愛媛東部では**ドンドロ（サマ）**である。これは雷鳴をあらわす擬音語である。同様に**ゴロゴロ（サマ）**も各地に散在するが、この表現は幼児語としては全国的に使われている可能性がある。

ちなみに「雷が落ちる」ことを四国などで**アマル、アマラッシャル**と言っている。アマルは、「天降（あまお）る」の変化であろう。

民衆語源・民間語源　民衆の語源意識により語形が変化したり、新しい語形が生まれたりすること。たとえば、先端が広がっていることから「シャベル」が「シャビロ」に変化したり、「土を掘る」という意識から「シャボル」という方言が生まれたりしている。山形や青森の一部では、「ヤノアサッテ」の「ヤ」を「八」と意識したことから、その次の日を「ココノサッテ」と呼んでいる。

いなずま（稲妻）――「イナズマ」は稲の夫だった

稲妻を指すことばに、**イナビカリとイナズマ**がある。これはどちらが「共通語」で、どちらが「標準語」だろうか。

東京地方では「いなびかり」だろうか。「いなびかり」と言っている人が多いような気がするが、どうだろうか。「いなびかり」は話しことば的で、「いなずま」は書きことば的であると言えるかもしれない。

イナビカリとイナズマは、ともに全国に広く分布しているが、イナズマは東北地方や九州に多く、イナビカリは本州の中央部に多い。とくに近畿地方はイナビカリ一色で、イナズマはほとんど使われていない。イナビカリの両側にイナズマがあるという「周圏分布」から、イナズマはイナビカリよりも古い表現であると推定される。

「いなづま」の歴史的仮名遣いは「いなづま」であり、「いなづま」は「稲の夫（つま）」という意味で、「つま」は古くは配偶者を意味した。古代日本では、稲光という霊的な存在が稲を実らせる（孕（はら）ませる）と信じられていたのである。

このことは、他の地域でもうかがえる。鹿児島や宮崎では「稲妻」をタナゴテドン、ワセノトノジョ、イネントノゾ、ユメントノゾなどと言っているが、ゴテドン、トノジョは「ご亭主」という意味である。ユメは「嫁」であろう。イナオトコ、イネハラマセ、イネハラマエと言う地方もある。隠岐島にはイナツルビという表現が見られるが、ツルビは「つるぶ（交尾する）」「つるむ」の古形）の名詞形であろう。

イナズマとイナビカリの両方を使う地域では、イナズマは雷鳴を伴うもの、イナビカリは音がしないものと、両者を区別して呼んでいる所もある。筆者もむかし、夜、稲の収穫期にたんぼ道を歩いていると、音のしない稲光が光っていたことを思い出す。

九州北部には、ヒカリモノという表現が多い。埼玉・栃木には、オヒカリが勢力をもっている（オヒカリは宮城北部にも見られる）。そのほか、ピカリ、ヒカヒカ、ピカピカ、ピッカリなどのオノマトペ表現（擬音語や擬態語）も全国に散在している。

山形県庄内地方では、カミナリノヒカリという長い表現である。同じ山形県でも日本海に浮かぶ飛島では、なぜかカミナリである。また、タテビカリ、ヨコビカリ、ヤマビカリという表現も見られるが、これらは稲妻の形をあらわしたものであろう。

東北の三陸沿岸地域には、ホデリ、フデリという古いことばが残っている。

奄美・沖縄では、フドウイ、フディー、フジー、ヒジューリなどが勢力をもってい

る。三陸沿岸のホデリも、奄美・沖縄のフディー類も、その語源は「火照り」である。「ほでりのみこと」「〈顔が〉ほてる」「ほのお〈炎〉」などの「ほ」は、いずれも「火」を意味する。「火」における「ヒ」と「ホ」は、「木」における「キ」と「コ」と同じ、音韻交替による変化である（ちなみに、「ほのお〈炎〉」は「火の穂」という意味）。

ホデリやフディーは日本の両端に分布していることから、ホデリはイナズマよりもさらに古いことばであると推定される。

なお、沖縄県では宮古島のみにホデリ系の語がなく、**ンナピカズ**などのイナビカリ系の語が分布している。

以上のほか、**ヒバシラ**（兵庫・香川）、**デンキ**（岐阜）、**スカキ**（新潟県粟島<ruby>粟島<rt>あわしま</rt></ruby>）のような変わった表現も見られる。

つゆ（梅雨）── 「ツユ」は西日本で生まれた共通語

共通語では、六月頃に長く降り続く雨を「ツユ」と呼び、「梅雨」「黴雨」の字を当てる。これは梅の実の時期に当たるからとも、黴（かび）がはえやすい時期だからとも言われている。**ツユ**は西日本の近畿・中国地方に広く分布し、東日本の大部分ではニューバイ（ニューベーなどを含む）である。つまり共通語のツユは「西日本生まれの共通語」なのである。

西日本生まれの共通語

現在、共通語（共通語形）とされていることばの中には、明治・大正期には関西で使われていた語が少なくない。「シアサッテ（ヤノアサッテ）」（カッコ内は東京で使われていた語）、「ヒマゴ（ヒコ）」「ツララ（アメンボー）」「チュンチュン（チーチー）」「ウロコ（コケ・コケラ）」「コワイ（オッカナイ）」「ケンケン（チンチン）＝片足跳び」などがその例である。これらの語は上方（かみがた）（関西）との交流により、飛火的に江戸（東京）にもたらされた

一 ものであり、「西日本生まれの共通語」と呼ばれる。

共通語では、「今年は入梅が早い」のように「入梅」は梅雨に入る時期をあらわす。

しかし、東日本の大部分では「今年のニューバイは長いなあ」「いつニューバイが終わるんだろうか」のように、「梅雨の期間」を指すのである。

「つゆ」は本来「露」の意味であり、「梅雨」を意味するようになったのは室町時代以降である。平安時代には「梅雨」を単に「長雨」と言っていた。小野小町の有名な和歌「花の色はうつりにけりないたづらにわがみよにふるながめせしまに」(花の色も、春の長雨ですっかり色褪せてしまった。美しい私の容貌も物思いにふけってぼんやりと過ごしているうちにすっかり衰えてしまった)の「ながめ」とは、「長雨」と「眺め」(物思いにふけりながら見ること)の意をかけたものである。

この梅雨を意味する「ながあめ」「ながめ」は、ナガアメ、ナガメ、ナガミ、ナガアレなどの語形で東日本全域に散在するほか、奄美・沖縄地方全域でナガアミ、ナガミの形で使われている。

岐阜・福井・愛知・三重・奈良・和歌山のそれぞれ一部では、ツユリ、ツイリが使われている。この語は中央の文献にも見られる古いもので、『易林本節用集』(一五九

七年）に「墜栗花　ツイリ　霖雨」とある（「霖雨」は「長雨」の意）。ツイリに「墜栗花」の字を当てるのは、この雨が降ると栗の花が散るからという説があるが、「墜栗」の音よみ（ツイリツ）も関係していることは当然である。

四国と九州は、ほぼ全域が**ナガシ、ナガセ**である。ナガシの「シ」は天気が荒れる意味の「しける」「しけ」（「時化」は当て字）と関係があるかもしれない。

富山東部から新潟西部・佐渡にかけて、**サンズイ、サズイ、サゾエ、サゼー**が分布する。サンズイの語源は「散水」であるという説があるが、そうではなく、接頭辞の「さ」（さつき「五月」、さおとめ「早乙女」、さみだれ「五月雨」などの「さ」）と「つゆ」の変化形ツイの合成語ではないかと考えられる（ツイもツユの領域の中に散在している）。

北海道には梅雨がないと言われるが、道南地方（小樽から函館にかけての地域）には**ズリ**という独特のことばが見られる。語源は不明であるが、新潟付近のサズイとの関係も考えられる（北前船の存在も考慮すべきであろう）。

つらら（氷柱）——『源氏物語』では「たるひ」

「つらら」の方言は非常に多い。その中で、**タルヒ、ボーダレ、カネコーリ、ツララ**という四種類のことばが「周圏分布」を形成している。

これらは、いずれも京都付近で生まれたことばで、中でも最も古いと考えられるのは**タルヒ**である。これは「垂氷」（氷が垂れる）という意味であり、「秋田・岩手・宮城」、「北陸」、「佐賀・長崎」の三地域に分かれて分布している。ただし、秋田北部はタルヒの変化形である**タロッペ、タロンベ**であり、北陸は**タルキやタンタルキ**、佐賀・長崎は**タロミ**が多い。タロミの「ミ」は「水」かもしれない。

タルヒの次に古いと考えられるのは、タルヒの内側（山形県内陸地方と能登半島）に分布している**ボーダレ**である。これはつららの形状からの命名で、「垂れている棒」という意味であろう。山形では**ボンダラ**に変化している。ボーダレに似たことばに、熊本県と滋賀県で使われている**ホダレ、ホダラ**がある。これもボーダレと関係があるかもしれない。しかし、ホダレは「氷垂れ」の変化の可能性もある。

ボーダレの次に古いと考えられるのは、**カネコーリ**である。カネコーリは新潟から富山・岐阜北部にかけての広い地域に分布し、中国地方の一部と宮崎の一部にも見られる。

「つらら」を意味することばで最も新しいのは、近畿地方を中心として本州中央部に広く分布する共通語形のツララである。すなわち、ツララは「西日本生まれの共通語」なのである。

東京を含む関東地方一帯と山梨・長野の一部では、**アメンボー**と言っている。これは「雨の棒」の変化であろう。

平安時代の京都では、「つらら」(氷柱)を「たるひ」と言っていた。そして、当時の「つらら」は「水面に張りつめる氷」の意味であった。

『源氏物語』の「末摘花(すえつむはな)」の巻には、「朝日さす軒のたるひは解けながら、などかつららの結ぼほるらむ」(朝日がさしている軒のつららは解けているのに、どうして池には氷が張っているのだろうか)という歌が載っている。「つらら」が、「軒先に下がる氷の棒」の意味に変化し、それに伴って、それまで使われていた「たるひ」は京都から追いやられ、地方の方言になったわけである。

九州北部では、**モーガンコ、マガンコ**である。これは農作業に使う「馬鍬(まぐわ)」(馬に

引かせる鍬）と形が似ていることからの命名と考えられている。大分県東部では**ヨーラク**と言っている。これは漢語の「瓔珞」に由来する。「瓔珞」のもとの意味は、「宝石を連ねて編んだ首飾り」のことである。また、島根西部ではナンリョーと言っている。これも漢語「南鐐」（美しい銀、または銀貨）に由来する。

ヨーラクもナンリョーも、つららの美しさを賛美した表現である。なぜ、このようなむずかしい漢語が民衆の話しことばになるのだろうか。おそらく、首飾りを意味する瓔珞や南鐐は、仏像の飾りものと関係があるのではないかと思われる。つまり、仏教を通して民衆のことばになったのである。

鹿児島、愛媛、静岡、茨城などの沿岸地域に見られる**ビードロ**は、ポルトガル語でガラスの意味である（ちなみに、「ビー玉」のビーは「ビードロ玉」の縮約形）。日本では、西洋から渡来したガラス製品をビードロと呼んだが、朝日にきらめくつららが夢幻的なガラス細工を連想させたのであろう。「つらら」を意味するビードロが鹿児島から茨城に至るまでの海岸地域に分布していることは、言語の海上伝播を示唆していて興味深い。

ビードロの呼称は鹿児島に多い。これは江戸時代に薩摩藩がガラス（ビードロ）をいち早く製造したことと関係があると思われる（現在でも薩摩切り子がガラスが製造されてい

る）。

青森・秋田・山形では、**スガ、スガマ、スガンボー**が勢力をもっている。この地方では「氷」もスガ、スガマであり、「つらら」と「氷」を区別せずに同じ表現で呼ぶ傾向がある。

宮崎の一部に見られる**カナマラ**、静岡に多い**チンボーゴーリ**、栃木・福島の**サガリ**ンボーなどは素朴な命名と言えよう。

江戸時代半ばに越谷吾山（こしがやござん）という俳諧師（はいかいし）が『物類称呼（ぶつるいしょうこ）』（一七七五年）という全国方言辞典を刊行している。この辞典の「つらら」の項目の記載は以下のとおりである（方言形については原典の平仮名を片仮名になおして示した）。

氷柱　つらら　たるひ　越後にてカナ氷（こり）と云。奥の津軽にてシガマといふ。同南部にて堕氷（だこう）と云。仙台にてタルヒと云。会津及信州辺にてスゴホリといふ。西国（九州）及近江辺（おうみ）にてホダレと云。下総（しもうさ）にてトロロウといふ。下野（しもつけ）にてボウガネと云。伊勢白子（いせしろこ）にてカナゴと云。出羽最上にてボンダラと云。

この分布状況は、明治（めいじ）生まれの人を調査した『日本言語地図』の分布とほとんど同

つらら（氷柱）

- ツララ（ン）
- クララ
- ツズラ
- ツルル、トロロ
- タルヒ
- タロッペ、タロンベ
- タルキ
- タロミ
- ホダレ、ホダラ
- ホーダレ、ボンダラ
- アメンボー
- スガ（ンボー）、スガマ
- カネコーリ
- カナンボー
- シモガネ
- カナマラ
- スグリ（ンボー）
- サガ（リ）ンボー
- スマル、シモロ
- シミザエ、サエ
- モーガ（ンコ）、マガンコ
- ヨーラク
- ナンリョー
- ビードロ

- チンボーゴーリ
- コーリンボー
- 無回答

佐藤亮一監修『お国ことばを知る 方言の地図帳』（小学館）より

じである。つまり、江戸時代から明治時代にかけて、日本の方言は大きくは変化していないことになる。

なお、「つらら」「たるひ」を見出し語にしていることから、当時はこのふたつを標準語形と意識していたことが分かる。

つむじかぜ（旋風）──アラシ（嵐）の「シ」は「風」を意味する古語

枯れ葉を巻き上げる「つむじかぜ」の方言分布はかなり複雑であり、シマキ、マキカゼ、マワリカゼ、ツジカゼなどが「周圏分布」を見せている。

このうち、シマキは青森県北部と宮崎県南部などに、マキカゼは東北地方一帯と沖縄などに見られ、分布からはどちらが古いか判定できない。東北地方の太平洋側と島根・山口の一部などに見られるマワリカゼと近畿地方の両側に分布しているツジカゼは、シマキやマキカゼよりも内側（京都寄り）に分布するから、前者は後者よりも新しい語であると推定される。マワリカゼとツジカゼは、分布の様子からマワリカゼの方が古そうである。

奈良時代の文献にもっとも多く現れるのは「つむじかぜ」（ツムジカゼ）である（以下、文献上の変遷は安部清哉による）。しかし、この語は平安時代になると次第に使われなくなり、代わりにツジカゼが勢力をもつようになる。

「しまき」は、「うちこゆるなみの音せばもらぬよりしまきの風ぞうちかへさまし」

（源　　順）のように、平安時代の和歌に現れる。その歌語としての性格から、「しま

（みなもとのしたごう）

き」が話しことばとして使われていたのはかなり以前にさかのぼると考えられる。

「しまき」の「し」は「風」を意味する古代語であり、現代語の「あらし」（嵐）の

中にその痕跡をとどめている。上代（奈良時代）における「し」はすべて複合語（本

（こんせき）

来は独立した複数の単語が結合して新たに一つのことばとしての意味をもつようになった

語）の中に現れるから、「し」が「風」の意味で単独として用いられていたのは文献時代

以前であると推定される。

「つむじかぜ」は「しまき」に次いで古い語と考えられているが、言語地図によると

関東地方を中心に広がっており、一見、新しい発生のように見える。この語は、話し

ことばとしては一度消滅したが、文章語として生き残っていたものが江戸時代になっ

て復活し、江戸を中心に広がったものと推定されている。

マキカゼやマワリカゼは、古い文献には現れない。しかし、言語地図に見られる

「周圏分布」から、マキカゼ・マワリカゼはかつては京都でも使われていたもので、

ツジカゼよりも古い語であると考えられる。マキカゼ・マワリカゼは、もっぱら民衆

が用いた素朴な表現であるがゆえに、貴族層が使用する文献には載らなかったのであ

ろう。

つむじかぜ（旋風）

- ツムジカゼ
- ツブリカゼ
- ツジカゼ、チリカゼ
- ツジマキ（カゼ）、チリマキ（カゼ）
- マキカゼ、カゼマキ
- マイカゼ
- マイマイカゼ
- タツ（カゼ）
- タツマキカゼ
- ウズ（カゼ）
- ウズマキ（カゼ）
- マワリカゼ
- マワシカゼ、モーシカゼ
- カゼムルシ
- ドーマイカゼ
- シマキ（カゼ）
- テング（一）カゼ
- アンカゼ
- カマイタチ
- イノーカゼ
- ユブシカゼ
- 無回答

佐藤亮一監修『お国ことばを知る 方言の地図帳』（小学館）より

結論として、文献と方言分布の両面から、京都で生まれて周辺に広がっていった順序は、シマキ→ツムジカゼ→マキカゼ→マワリカゼ→ツジカゼであると推定される。

近畿地方では、**マイカゼやマイマイカゼ**が使われており、これが京都における最新の語ということになる。「まいかぜ」は、文献の上では一八世紀から現れる新しい語である。

タツマキは、共通語としては海水を巻き上げたり建物を吹き飛ばしたりするような巨大な旋風のことであるが、この語が枯れ葉を巻き上げる「つむじ風」を意味する地方もかなり見られる。「つむじ風」と「竜巻」を区別せず、タツマキと言っているわけである。この表現が、どちらかというと海岸寄りの地域に分布していることは興味深い。

しあさっては何日目？——「シアサッテ」か「ヤノアサッテ」か

同じことば（語形）が、地域によっては逆の意味になることがある。

たとえば、**シアサッテ**は共通語では「あさっての翌日」を意味するが、東京都区内を除く関東地方の大部分（および山梨・新潟の一部）では「あさっての翌々日」を意味する。千葉県の人と都区内の人が「シアサッテに会おう」と約束するのは危険である。

次の図に見られるように、「あさっての翌日」は、西日本の大部分がシアサッテ、東日本はヤノアサッテ（ヤナサッテ、ヤネアサッテなどを含む）である。ただし、都区内では西日本系のシアサッテが使われている。

ヤノアサッテも、都区内では「あさっての翌日」を意味する（ただし、都区内にはシアサッテもヤノアサッテも同じ「あさっての翌日」の意味であると思っている人も存在する。筆者も子どものころはそう思っていた）。

ふたつの図を対照すると、「あさっての翌日」と「あさっての翌々日」の分布は、

しあさって（あさっての翌日）

- ▥ シアサッテ
- ∧ シラサッテ
- ▯ シガサッテ
- ◲ シノアサッテ
- r シャサッテ
- ✚ サアサッテ
- ♠ サンアサッテ
- ▩ ヤノアサッテ
- ◰ ユーカ、ユファーなど
- ✿ アサティヌナーチャ

佐藤亮一作図。徳川宗賢編『日本の方言地図』（中公新書）より

やのあさって（あさっての翌々日）

▲ シサッテ
► シアササッテ
◄ サキササッテ
◥ サシアサッテ
● ヤノヤノアサッテ
○ サラサッテ
◉ サラヤノアサッテ
◖ キササッテ
◔ ココノサッテ
ㄥ ゴアサッテ
Ｙ ゴラサッテ
▊ ゴガサッテ
◢ イチカなど
⋈ アサティヌナーチャヌナーチャ
Ｎ 無回答
そのほかの語形は
「あさっての翌日」
の凡例に同じ

佐藤亮一作図。徳川宗賢編『日本の方言地図』（中公新書）より

	あさっての翌日	あさっての翌々日
①都区内	シアサッテ	ヤノアサッテ
②関東地方の大部分・甲信越の一部	ヤノアサッテ	シアサッテ
③西日本各地	シアサッテ	ゴアサッテ
④青森県など	ヤノアサッテ	キササッテ
⑤岩手県・宮城県	ヤノアサッテ	ヤノヤノアサッテ
⑥秋田県など	ヤノアサッテ	サラヤノアサッテ
⑦山形県の一部ほか	ヤノアサッテ	ココノサッテ
⑧全国各地	シアサッテ（またはヤノアサッテ）	名称なし

「あさっての翌日」と「あさっての翌々日」の方言分布

およそ表のとおりである。

⑤⑥⑦のヤノヤノアサッテ、サラヤノアサッテ、ココノサッテは、「あさっての翌日」を意味するヤノアサッテをもとに生まれた（民衆が創造した）表現であろう。ココノサッテは民衆がヤノアサッテの「ヤ」を「八」と意識した（解釈した）結果生まれたものと考えられる。

このように、民衆の自由な語源意識によって新しい語形が生まれる現象を「民衆語源」または「民間語源」と呼んでいることは先にも述べたとおりである。

③のゴアサッテは、「あさっての翌日」を意味するシアサッテの「シ」を「四」と意識した結果、「四」の次は「五」（ゴ）という発想から生まれたものであろう。

それでは、シアサッテとヤノアサッテの意味

の逆転はなぜ起きたのだろうか。

地図に示したように、東日本では東京都区内のみが、西日本と同じシアサッテである。

上方（関西）のことばが江戸に入って共通語になり全国に広がった例は非常に多い。関西のシアサッテ（あさっての翌日）も江戸に侵入しようとしたが、ヤノアサッテの勢力が強かったために一日意味をずらして「あさっての翌々日」の意味で入り込み、その結果〈ヤノアサッテ――シアサッテ〉という体系が生まれ、それが関東一帯に広がったと思われる（その背景にはもともと「あさっての翌日」を意味する表現は、全国的に存在しなかったという事情があろう）。このように、方言が地方に伝播する際に、意味がずれる（変化する）例は非常に多い。

その後、関西のシアサッテがもともとの意味（あさっての翌日）で江戸に入ることに成功し、その際に従来のヤノアサッテが一日意味をずらしたために〈シアサッテ――ヤノアサッテ〉という新しい体系が誕生した。

以上が筆者の推定である。

Ⅱ

食物・料理・味

さといも（里芋）――芋煮会の定番

東北地方には「芋煮会」と呼ばれる行事がある。里芋を中心に、野菜・魚・肉などを大きな鍋に入れ、河原などで煮炊きして楽しむイベントである。里芋を中心に、野菜・魚・肉などによって異なり、たとえば山形県の場合、内陸地方（山形市など）では牛肉に醤油味であるが、庄内地方（酒田市・鶴岡市など）は豚肉に味噌味が普通である。

里芋は熱帯アジアの原産であるが、日本への渡来は古く、平安時代の辞書には「いへのいも」「いへついも」〈家の芋〉の意）の名で記載されている。「家の芋」という呼び名は、山芋などに対して、この芋を家の近くで栽培したことによるものであり、「里芋」と同じ発想による命名である。広島の一部や長崎の五島に見られるエノイモは、この呼称の残存であろう。

共通語のサトイモは、関東から東海にかけての地域と島根・大分・鹿児島などで勢力をもっている。この呼称は、江戸時代の文献から現れる新しいことばで、江戸を中心に全国に広がった語形である。

『日本言語地図』には「イモの意味」という地図がある。これは、「イモと言えばどのイモを思い浮かべるか」とたずねて調査したものである。これによれば、イモは北海道・東北地方では「じゃがいも」を指し、近畿・中国・四国・沖縄では「さつまいも」、関東から東海地方にかけてと九州中央部は「里芋」を指す。後者の分布は、サトイモの呼称の分布とほぼ一致する（熊本・宮崎では「里芋」を単にイモと呼んでいる）。

北海道・東北にはイモノコが多い。これは全国に散在するコイモとともに、親芋に対する子芋を指す名称が里芋の一般称になったものであろう。

そのほか、タイモ（近畿・北陸・四国ほか）、ハタイモ（宮城・福島・新潟・岐阜ほか）、ズイキ（イモ）（鳥取・兵庫・京都ほか）、カラトリ（イモ）（山形・宮城ほか）、マイモ・ホンイモ（長野ほか）、タダイモ（岐阜・三重ほか）、ハイモ・ハビロイモ（長野・岩手ほか）、ツチイモ（大阪・奈良ほか）、エグイモ（島根・山口ほか）、エガイモ（富山・新潟ほか）、チンヌク（沖縄本島）、ムジ（沖縄の先島諸島）など、全国に多様な呼称が生まれている。

タイモは「田芋」、ハタイモは「畑芋」で、サトイモ（里芋）と同様に、山芋に対して栽培植物であることに着目しての命名である。ズイキやカラトリは里芋の茎を指す呼称だが、それが里芋の一般称になったものであろう。この茎を食用にするために

干したものは「いもがら」と言う。マイモは「真芋」、ホンイモは「本芋」で、外来の芋である「さつまいも」や「じゃがいも」に対する庶民の対抗意識がうかがえる。タダイモは「只の芋」という意味で、これも昔からある普通の芋という意識で命名されたものであろう。ハイモやハビロイモは、里芋の葉が大きいことに着目しての命名である。

エグイモ、エガイモは、「えぐい（えがらっぽい）味の芋」という意味であろう。この呼称は全国の広い地域で使われている。

チンヌクは、『日本言語地図』（国立国語研究所編）では沖縄本島全域に分布しているが、首里語を記載した『沖縄語辞典』（国立国語研究所編）によれば「鶴の子」が語源で、里芋の一種である「やつがしら」を指すという。同辞典によれば、ターンム（「田の芋」の意）と呼ばれる芋があり、水田に作る里芋に似た芋であるという。また、「ずいき」のことをムジまたはタームジと言うとあり、沖縄の先島諸島（宮古・八重山諸島）のムジは、本土のズイキやカラトリと同じく、里芋の茎の呼び名が里芋そのものを指すようになったと考えられる。

じゃがいも（馬鈴薯）——地名や人名から生まれた呼び名が多い

「じゃがいも」は、一五九八年にオランダ船によってジャガタラ（インドネシアの首都ジャカルタの古名）から長崎にもたらされたといわれる。しかし、実際に日本で普及したのは明治時代以降で、北海道の川田龍吉男爵がアメリカから優良品種を持ち帰ってからであり、これがこんにち「男爵」と呼ばれている品種である。

「じゃがいも」の方言は非常に多く、まとまった分布を示す呼称はそれほど多くない。共通語のジャガイモは、北海道を除いて全国的に使われている。この名称はもちろん、輸入先のジャガタラに由来するものであり、輸入当初はジャガタライモと呼んでいたものが縮約されたのであろう。この類の語は、ジャガタロイモ、ジャガタレイモ、ジヤガタイモ、ジャイモなど、各地に変種が多い。

ジャガイモ類以外で比較的広い地域に分布しているのは、近畿から東北地方にかけて分布するニドイモ、中国地方のキンカイモ、北海道全域に分布するゴショイモ、福島を中心に見られるカンプラ（イモ）である。

ニドイモはこの芋が年に二度とれる地域で生まれ、一度しかとれない東北地方にも広がったものであろう。キンカイモの分布地域は「禿頭（はげあたま）」をキンカ（アタマ）と呼ぶ地域と一致している。芋の形が禿頭を連想させることによる命名である。なお、キンカアタマの呼称は禿頭を金柑（きんかん）になぞらえたものである。ゴショイモは「五升芋」が語源で、この芋の収穫量の多さを象徴する命名である。ゴドイモ（五斗芋）と呼ぶ地域もある。

福島に多いカンプラ（イモ）は、それに隣接する地域に分布するアップラ（イモ）の変化である。アップラはオランダ語の「aard appel」（土のりんご）が語源と言われている。アップラがカンプラに変化した背景には、アップライモの近くに分布するカライモの「カ」が影響した可能性がある。

長野県に見られるカピタイモは、船長を意味するオランダ語の「kapitein」（カピタイン）などに由来すると言われる。この種の名称には、ほかに「カピタン織」「カピタン雪駄（せった）」などがある。いずれも西洋からの輸入品の名であり、〝船長が運んできたもの〟という意味のあらわれではないだろうか。

外国地名による名称は、ジャガイモ類のほか、カライモ（宮城・千葉ほか）、トーイモ（長崎）、ナンキン（奈良）、チョーセンイモ（奈良）、オランダイモ（長崎・兵庫な

ど）がある。

一方、国内の地名によると考えられるものは種類が多く、次のようなものがある。

ホッカイドーイモ（鳥取・福井）、サッポライモ（福井）、センダイイモ（岐阜）、エチゴイモ（滋賀）、ツルガイモ（岩手）、カントウイモ（愛媛）、コーシューイモ（東海地方ほか）、シンシューイモ（埼玉・岐阜）、ゼンコジイモ（滋賀）、ゴーシューイモ（徳島）、イセイモ（兵庫）、イセモ（奈良）、シコクイモ（新潟・兵庫）、ビンゴ（鳥取）、タケシマ（徳島）、キューシューイモ（福島）、ヒューガイモ（奈良）、サガライモ（新潟）、リューキューイモ（熊本ほか）。

以上のように、いずれも名称地を離れた地方に分布する。

じゃがいもの呼称には、コーボーイモ、セーダユー、ゴンスケイモ、ヘーロクイモなど、人名との関係をうかがわせるものもある。このうち、山梨に勢力をもっセーダイモ、セーダ、セーダユーについては、甲州の代官中井清太夫が明和年間にこの芋の普及につとめたことから付けられた名であるといわれる（橘正一「馬鈴薯の方言」による）。

コーボーイモは各地に伝わる次のような弘法大師伝説と関係があろう。

　――弘法大師（空海）が諸国を巡行中、羽黒の里に立ち寄ったときの話です。

　弘法大師は朝から何も食べていなかったので、腹がへっていた。ふと、弘法大師は川を見ると、お婆さんがたくさんの芋を洗っていた。弘法大師は、お婆さんに、「その芋を少しでいいから施してくれませんか。」と頼んだ。しかし、そのお婆さんは近所でも有名なりんしょく家なので、「この芋は誰にもやれん。」と簡単に断わった。その芋があまりにもうまそうなので弘法大師は、また頼んだ。しかし、そのお婆さんは、「お坊さん、この芋は石芋といって硬くて食べられん。だから、お坊さんにあげられんのです。」と嘘を言った。弘法大師は、嘘を見抜いたが怒らず静かに加持祈とうをして去って行った。お婆さんは、芋を洗い終えると家にいそいで帰った。さっそく芋を蒸して食べようとしたが、なかなか芋が柔らかくならない。よく見るといつのまにか石のように硬くなってしまっていた。それ以来、その食べられなくなってしまった芋を石芋と呼ぶようになりました。

（山梨県甲府市ウェブサイト、「弘法大師と石芋」羽黒地区民の話より）

もみがら（籾殻）とぬか（糠）――昔はどちらも「ヌカ」と言っていた

「もみがら」とは「もみ（稲の実）」の皮のことであり、もみ（籾）を脱穀した米が玄米、玄米を精米したときに出る粉が「ぬか（糠）」である。ぬかは野菜を漬ける「ぬか漬け」に昔から使われ、日本人の生活には欠かせないものである。「こぬか雨」（春先に降る粒の小さな雨）、「ぬか喜び」（あてがはずれて後でがっかりするような一時的な喜び）、「ぬか星」（夜空に散らばって見える無数の小さな星）、「ぬかに釘」（手ごたえや効き目がないこと）など、「ぬか」にまつわることばも多い。

ところが、東北地方の大部分と新潟・長野・石川・福井・岐阜のそれぞれ一部、さらに九州の北西部（佐賀ほか）では「もみがら」のことを**ヌカ**と呼んでいる。富山・石川の**ニカ**、**ネカ**も、ヌカの変化形である。『日葡辞書』（一六〇三〜〇四年）にも「もみがら」の意味で「ヌカ」が記載されているから、室町時代末から江戸時代にかけては京都でも「もみがら」を「ヌカ」と言っていたことが分かる。

「糠」の方言の全国分布を見ると、東西がきれいに分かれており、東日本の大部分は

	もみがら	ぬか
青森西部・秋田・山形・新潟と北陸の一部	ヌカ	コヌカ
岩手南部・宮城・九州北西部	ヌカ	サクズ
近畿・四国の大部分	スリヌカ	ヌカ
九州北部	モミヌカ	ヌカ
山梨・岐阜北部ほか	モミヌカ	コヌカ
栃木・茨城南部・千葉南部	アラヌカ	ヌカ
中国地方全域・千葉北部	スクモ	ヌカ
奄美・沖縄	スクボ・スクブ	ヌカ
鹿児島・宮崎ほか全国に点在	ヌカ	ヌカ

「もみがら」と「ぬか」の方言分布

コヌカ、西日本の大部分は**ヌカ**である。関東地方にはコヌカの大領域に囲まれる形でヌカの小領域がある（都区内・千葉・茨城南部・栃木など）。これは関西のヌカが江戸に入って周辺に広がったものである。そのほか、宮城から岩手南部にかけてと九州北西部に**サクズ**が分布する。

「もみがら」と「ぬか」をヌカと呼んでいる地域では「糠」をなんと言っているのだろうか。「もみがら」と「ぬか」の分布図を対照すると、両者の区別状況はおよそ表のとおりである。

以上の分布状況は、昔は「もみがら」と「ぬか」を区別せず、両者ともヌカと呼んでいたことを示唆するものである。コヌカ、**スリヌカ**、**モミヌカ**、**アラヌカ**のような「〜ヌカ」の呼称は、両者を区別するために生まれた語形と考えられる。

もみがら（籾殻）

- • モミガラ
- ♠ マズカラ
- ⌒ スクモ
- ⌒ スクボ、スクブ
- ▲ ヌカ
- ▼ ノカ
- ◀ ニカ、ネカ
- △ モミヌカ
- ▽ モミノカ
- Ⅴ スリヌカ
- ≫ スリニカ、スリネカ
- ✚ サヤヌカ
- ✳ サラヌカ
- ⌢ アラヌカ
- ↓ モミガス
- ↓ モミ

佐藤亮一監修『お国ことばを知る 方言の地図帳』（小学館）より

ぬか（糠）

- ヌカ
- ノカ
- ニカ
- コヌカ
- コノカ
- コニカ
- コメヌカ
- テノコ
- テヌカ
- ケヌカ
- チョーヌカ
- チョーズノコ
- チョーズヌカ
- サクズ

佐藤亮一監修『お国ことばを知る 方言の地図帳』（小学館）より

中国地方全域・奄美・沖縄地方、千葉北部などに見られる「もみがら」の意味のス

クモ類（スクボ、スクブを含む）は、その分布状況と、平安時代の『新撰字鏡』（八九

八～九〇一年頃）に「穅　米皮也」「穅也　穅同　須久毛」とあることから、ヌカより

もさらに古いことばである可能性がある。そうであるとすれば、「もみがら」と「ぬ

か」を区別せず「ヌカ」と呼んでいた時代以前に、両者を「スクモ」と言っていた時

代があることになる。

なお、「ぬか」の語源は「ぬく」ではないだろうか。「ぬく」は「刀を鞘から抜く」

のように、「中身を取り出す」という意味である。

東北の一部と九州北西部に見られる**サクズ**は、いずれもその分布領域が藩領（仙台

藩と鍋島藩）とほぼ一致している。「さくづ（澡豆）」はからだのよごれを洗い落とす

のに用いる粉末状にした小豆のことであるが、その後、同じ用途に糠を使うようにな

ったため、「糠」を「さくず」と呼ぶようになったものである。

遠く離れた仙台藩と鍋島藩の領域で、同じサクズと言っていたのは偶然とは考えに

くく、今後の研究課題としたい。

すりばち（擂鉢）とすりこぎ（擂粉木）――スリコギはスリバチの夫

「すりばち」も「すりこぎ」も日本人の生活に欠かせないものであるが、現代の家庭ではどのくらい使われているのだろうか。

「すりばち」は全国の大部分が共通語形のスリバチ（一部にスリコバチ）であり、方言形は少ない。岩手・宮城・山形の置賜地方にはカーラケ（バチ）が分布している。カーラケは「かわらけ」であり、本来はうわぐすりを塗らない素焼きの土器のことである。

秋田にはイシバチとイセバチが分布している（イシバチは能登半島にも見られる）。イシバチは新潟北部に見られるカナバチとともに「すりばち」の硬い材質を比喩的にあらわした表現かもしれない。しかし、江戸時代の文献に「伊勢擂鉢」の表記が見られるから、伊勢地方（三重県）との関係が考えられる。江戸時代の方言辞典である『物類称呼』（一七七五年）には「上総及出羽にて、いせばち」とあり、イセバチが千葉県でも使われていたことが分かる。千葉県には銚子地方を中心として関西方言がか

なり流入しており、これは江戸時代以降、漁師や醤油業者が三重・和歌山地方から房総半島に多く移住したことによる（以前NHKの連続テレビ小説になった「澪（みお）つくし」は、和歌山から移住した醤油業者と銚子の漁師との争いをテーマにしたものである）。イシバチという語形が「民衆語源」によってイセバチに変化した可能性もある。

群馬県南部ではシラジが使われている。この語は『物類称呼』に「東国の女詞（おんなことば）」とあり、『女中詞（じょちゅうことば）』（一六九二年）にも記されている。東国とは関東を中心とする地域を指す。シラジは「白磁」で、「純白の磁器」という意味であろう。

中国地方西部と愛媛には**カガツ、カガス**が分布している。この呼称は中国・四国・九州東部で使われている瀬戸物を意味するカラツ（モノ）の変化である。「カラツ（モノ）」とは佐賀の唐津（からつ）で生産された陶器を指す呼称である。

沖縄には先島諸島を中心に**ダイバ（ー）、ダイパ（ー）、デーファー、ナイパ**が分布しているが、これらの語源は不明である。

関東地方ではスリバチとともに**アタリバチ**も使われている。これは「「財産など（を）する」など、「なくす」という意味の「する」を嫌った「忌みことば（タブー語）」である。

「すりこぎ」では、西日本が**レンギ、デンギ、レンゲ**であり、その両側に**スリコギ**

（ボー）が分布している。この「周圏分布」から、スリコギ類はレンギ類よりも古い呼称と推定される。レンギは「連木」「擂木」「雷槌」などと表記され、近世の文献に見られる。「擂」は「すりつぶす」という意味の漢字である。

「すりこぎ」には「擂粉木」「摺粉木」などの字が当てられているが、「粉木」は当て字で、「こぎ」は「こぐ（漕ぐ）」のように、「舟をこぐ」「自転車をこぐ」という動詞と関係があると考えられる。「こぐ」は「上下左右にまわす」動作をあらわす。青森西部・秋田のマワシギ、マシギ、マシゲや、島根県出雲地方のメグリ（ボー）も、すりこぎをまわす動作による命名である。

沖縄の先島諸島に見られるダイバヌブトゥ、ナイパヌブトゥの「ダイバ」「ナイパ」は「すりばち」のことで、ヌは「の」の変化であり、「ブトゥ」は「夫」を意味する。すなわち、「すりこぎ」は「すりばち」の夫なのである。

──忌みことば（タブー語）　縁起の悪いことばや汚いことばを避けて、かわりに使う表現。遠ざけたい現象をわざと汚いことばで表現することもタブー語に含めることがある。九州北部の「ものもらい（麦粒腫）」を意味する「インノクソ（犬の糞）」は後者の例である。

「甘い」と「塩味が薄い」── 砂糖の味をあらわすアマイは新しい表現

「砂糖の味」をあらわす表現は全国の大部分がアマイ類で、その両側の青森・秋田などと、鹿児島南部・沖縄の先島諸島はウマイ類である。

「砂糖の味」をあらわす表現は全国の大部分がアマイ類で、その両側の青森・秋田などと、鹿児島南部・沖縄の先島諸島はウマイ類である。

布）を見せており、ウマイはアマイよりも古い表現と推定される。すなわち、ウマイは「周圏分砂糖が調味料として出まわるようになったのは近世以降であるが、一般家庭で広く使われるようになったのは日清戦争による台湾占領後のことである。砂糖を初めて口にした庶民は「うまい（美味）」と感じたのであろう。

一方、「あまい」には「きびしさが足りない」「ゆるい感じである」という意味がある（「ブレーキがあまい」「あの先生の採点はあまい」など）。砂糖が普及すると、初めのインパクトが薄れて「抜群の美味」とは感じなくなり、「ほどほどのうまさ」を表現することばとして「あまい」が使われるようになったと考えられる。

なお、「アマイ」の変種にはアマコイ（東北南部）、アマチコイ（岩手北部）、アマカ（九州）、アマサン（沖縄）、アマキャ（八丈島）などがあり、「ウマイ」の変種にはウ

マカ（鹿児島）、アジマサン（先島諸島）、マサン（奄美大島）などがある。アジマサンは「味うまい」という意味である。

ところで、味噌汁などの塩味が足りないことをあらわす標準語は何であろうか。「あまい」だろうか、それとも「うすい」だろうか。

全国の分布を見ると近畿地方のミズクサイをはさんで、その両側の地域はアマイ（アメー、アマカ、アマサン、アマキャなどを含む）である。この分布からミズクサイは近畿で新しく生まれた表現であることが分かる。

ウスイの主要地域は高知県であり、東京を含む関東南部ではアマイとウスイが混在している（つまり人によって表現が違う）。塩味が足りないことを「あまい」と表現するのは、「きびしさが足りない」「ゆるい」という「あまい」の意味を反映しているわけである。おもしろいことに、岩手・宮城・山形などでは砂糖の味はアマコイ、塩味が足りないことはアマイ（アメーなど）と区別して表現している。

富山・石川はショームナイである。これは「シオミナイ（塩味ない）」の変化であろう。

Ⅲ　人間・生活

ほお（頬）──昔は「ツラ」と言っていた

「頬」は、「ほほ」と「ほお」のどちらが標準語形であろうか。筆者はある時期まで「ほほ」を標準語形と思いこんでいた。しかし、手もとの数種類の国語辞典を見るかぎり、「ほほ」は空見出し（見出し語として掲載されてはいるが別の見出しのもとに記しているもの）で「ほお」を正見出しにしている。『新明解国語辞典』（三省堂、第七版）のように〈「ほほ」は「ほお」の新しい言い方〉と記しているものもある。

しかし、平安時代の辞書『和名抄』（九三四年頃）では「保々（ホホ）」である。『日本国語大辞典』（小学館）には「古くはホホ、平安後期以降ホヲからホオ、更にホーとなり現代に至る。ただし、「頬笑む」「微笑む」「頬笑まし」「微笑まし」はほとんどの辞書が「ほほえむ」「ほほえましい」を正見出しとしており、「ほおえむ」を見出しに立てていない辞書もある（空見出しを含む。）い・微笑ましい」はほとんどの辞書が「ほほえむ」「ほほえまし」

奈良時代には「頬」を「つら」と言っていた。先にあげた『和名抄』の記述は、詳しくは「頬　都良（ツラ）一云保々」である。この記述は当時「頬」を指すことば

が「つら」から「ほほ」に変化しつつあったことを示している。この「頰」を意味する古語の「つら」はツラ、チラの形で沖縄に残っている。沖縄にはフージラという語形も見られるが、これはホホとツラの複合形である（沖縄はオ段の音がウ段になるので hoho → huhu → huu と変化した）。

「つら」が「顔」の意味として文献に現れるのは平安後期の『大鏡』が最初であるが、小林隆は、平安時代には貴族は「顔」のことを「かお（かほ）」と言い、庶民は「つら」を使っていたと推定している。

『日本言語地図』を見ると、「頰」をホホやホーと呼ぶまとまった地域は見られない。東日本で最も多いのはホッペタで、近畿から北陸にかけてはホーベタである。ホーベタの領域の中にホーベラが散在する。ホッペタ・ホーベタのペタ・ベタは、「辺」を意味する「へた」（「うみべた」など）と同じ語源であろう。「柿のへた」もそうである。ホッペタもホーベタも、江戸時代の文献から現れる比較的新しい語である。

東北南部にはホータブ、ホッタブが広く分布する。この語形は種子島にも見られ、かなり古いものと推定される。静岡西部（遠州）や九州東部にはホータン、ホータネが見られる。岐阜南部・四国の一部にはホータ（ン）ボが分布する。「～タン」は「～タブ」「～タボ」の変化と考えられる。「タネ (tane)」は「タン (tan)」に母音を

付加したもので、「類音牽引（るいおんけんいん）」の一種かもしれない。「類音牽引」とは音の似ている語形に引かれて語形が変化する現象で、草花の「たんぽぽ」が山鳩の鳴き声に引かれてデデッポに変化した例などがある。

類音牽引　意味の異なる類似の語形に引かれて語形が変化する現象のこと。西日本各地では、「かぼちゃ」をボーブラと呼ぶ（ポルトガル語の **abóbora** に由来）。古くはボーフリ（ムシ）と呼ばれていた蚊の幼虫が、「かぼちゃ」のボーブラに引かれてボーフラになったという説がある。蝉の一種である「つくつくぼうし」の古形は「くつくつはうし」であった。「つくし（土筆）」の意の「つくつくぼうし」に引かれて、現在の語形になったと言われている。

九州西部には**ビンタ**が分布する。ビンタは「鬢（びん）のあたり」という意味であるが、共通語では「びんたをくわす」のように他人の頬を平手打ちにすることを言う。なお、九州南部では、ビンタとは「頰」ではなく「頭」を意味する。

秋田南部に見られる**ソッポ**は、共通語の「そっぽを向く」の「そっぽ」と関係があ

ろう。「そっぽ」は「そっぽう（外方）」の短縮形と言われており、「頰」を意味する語として江戸時代の浄瑠璃にも見られることばである。

ものもらい（麦粒腫）――物をもらうと治る目の病気

ものもらい（麦粒腫）は、まぶたのへりにできる小さなできもので、むずむずしてかゆいが一週間くらいで治る。昔はしばしば経験したが、今は衛生状態が良くなり、あまりかからなくなった。

この眼病に関しては、「三軒の家から米をもらって食べるとなおる」（福島県旧白河郡）、「ざるを持って隣近所五軒から穀物をもらって歩くとなおる」（神奈川県箱根町）のような俗信が、各地に見られる。モノモライという名称はこの俗信に由来するものであり、全国に広く分布するメボイトやホイト、長野・岐阜・静岡などに見られるメコジキ、熊本県天草の（メ）カンジンなども、物をもらって歩く乞食行為と関係がある。

ホイトは、「陪堂」に由来する。「陪堂」とは「禅宗で僧堂の外で食事のもてなし（陪食）を受けること」であるが、それが乞食を意味する方言として全国的に使われている。

「かんじん（勧進）」は「社寺や仏像の建立・修理のために寄付を集めること」であるが、これも九州ほかの地域では「乞食」の意味になっている。「乞食（こつじき）」も、本来は托鉢（たくはつ）を意味する仏教用語である。

大阪を中心に見られるメバチコや新潟のメッパツの語源は不明であるが、「目をパチパチさせる」という意味かもしれない。しかし、托鉢の「鉢」との関係も考えられる。そうであるとすれば、これも乞食行為と結びつくものである。メバチコの両側の地域（京都・滋賀と四国）にはメボやメイボが分布する。メボはメボイトの下略形、メイボは「ものもらい」を「いぼ」の一種と意識した「民衆語源」によってメボが変化した語形と考えられる。

青森にはヨノメ、ヨメが、青森と岩手にノメ、ノンメが分布する。ヨノメは足の裏などにできる「魚の目」と関係があるかもしれない。ノメはヨノメの省略形であろう。

栃木・群馬に分布するメカ（イ）ゴは「目の粗いかご」を意味する「目かご」のことで、「ざるをかぶるとものもらいができる」「ざるを井戸に半分見せると治る」などの俗信と関係がある。

ものもらいの治療法に関する俗信は多様である。愛媛県内子町（うちこ）では、小豆を目につけて「メイボメイボ、コノアズキニウツレ」と唱えながら井戸に落とすと治るという。

小豆を使うまじないは、全国各地に見られる（鳥谷善史による）。

九州北部では**インノクソ**と**オヒメサン**が同じ地域で使われている。インノクソは

「犬の糞」という意味であるが、これらは宮城県に見られるバカと同じく「忌みこと

ば（タブー語）」である。鹿児島の**インモライ、イモライ**、沖縄のミーインデー、イ

ンヌヤーの「イン」も「犬」ではないかと思われる。

あざ（痣）とほくろ（黒子）——ホクロは「ハハクソ（母糞）」の変化

「生まれつき皮膚の一部の色が変わって赤くなったり青黒くなったりしている部分」を共通語では「アザ（痣）」と称し、一方、「生まれつき身体についている少しふくらんだ黒い点」は「ホクロ（黒子）」と呼ばれる。

しかし、九州・中国地方の一部には、逆に「痣」をホクロ（ホグロ）、「黒子」をアザと呼ぶ地域が存在する。九州地方の人が「うちの娘にはホクロがある」と言ったら、それは「痣」の可能性があり、「娘にアザがある」と言えば、「黒子」のことかもしれないということになる。

『日本言語地図』によれば、「痣」と「黒子」の方言分布はおよそ表のとおりである。

意味の逆転現象が起きた理由を、徳川宗賢は次のように推定している。

「痣」と「黒子」を区別せずに、どちらもアザと呼ぶタイプが最も古い段階のものと考えられる。文献によれば、八世紀から一〇世紀にかけての中央日本には、「あざ」「ははくそ」「ふすべ」の語形が、「痣」「黒子」「いぼ」を表すものとして複雑に錯綜

	痣	黒子
本州中央部	アザ	ホクロ
九州東部・中国地方西部	ホクロ（ホグロ）	アザ
東北北部／中国・四国・九州・奄美・沖縄のそれぞれ一部	アザ	アザ
宮城県など	アザ	クロッポシ
福島県など	アザ	ホソビ
中部地方	アザ	フスベ
九州各地	ホヤケ	アザ

「痣」と「黒子」の方言分布

していた。しかし、次第に「ははくそ」が「黒子」の意味として定着し、同時に「あざ」は「痣」の意味に限定して用いられるようになった。そして、「ははくそ」はハハクロ→ハウクロ→ホークロ→ホクロと形を変えていった。ちなみに「ははくそ」の語源は、「母糞」、すなわち母親の胎内の糞が胎児に付着したという意味である。このようにして、中央日本には、〈アザ（痣）─ホクロ（黒子）〉の体系が定着した。

一方、九州では、「痣」を**ホヤケ**と呼ぶ新表現が誕生し、〈ホヤケ（痣）─アザ（黒子）〉という体系が成立した。そこに中央から〈アザ（痣）─ホクロ（黒子）〉の体系が進出してきた。九州付近の人々は新しいホクロという言葉を、この地域で使われていた音形が似ているホヤケの都会風表現として受け入れ、こうして〈ホクロ（痣）─アザ（黒子）〉の逆タ

あざ（痣）

▱	アザ
ℓ	ヨメアザ
○	ホグロ
◖	ホヤケ
✹	ノブヤケ
✷	ノブ、ノビ
✦	コトヤケ
✦	コト、コチ
⌒	シルシ
⌒	ウミジルシ
✳	エーク
↑	パン
↓	アベ
↓	ブチ

佐藤亮一監修『お国ことばを知る 方言の地図帳』（小学館）より

ほくろ（黒子）

凡例：
- ▱ アザ
- ↑ アザコ
- ㇄ ヨメアザ
- ● ホクロ
- ○ ホグロ
- ◗ フクロ
- ○ ホークロ
- ◉ ハークロ
- ⑥ ハエ(ノ)クソ
- T ホソビ
- Y フスビ
- Ⴤ クスベ
- ➘ スベ
- ★ クロッポシ
- ♠ オモガネ
- ▫ チー

佐藤亮一監修『お国ことばを知る 方言の地図帳』（小学館）より

イプが成立した。

　なお、ホヤケの語源は「火焼け」であろう。妊娠中の女性が火事を見ると胎児に痣ができるという俗信がある。四国地方では「痣」をノブヤケ、ノブ、ノビ、コトヤケなどと呼んでいるが、ノブヤケは「野火焼け」、コトヤケの「コト」も火事の意味ではないかと思われる。「火事」は古語（和文）では「ひのこと」と表現している。

つば（唾）とよだれ（涎）——ツバは「ツバキ」（つ＋吐き）の変化

「つば」と「よだれ」は同じもので、「垂れているかどうか」の違いである。青森では「つば」を**ヨダレ**、「よだれ」を**ベロ**またはビロと言っている。しかし、青森には両者ともベロまたはビロと呼んで区別しない人もいる。

〈つば（唾）〉の全国分布は、東北・北関東の**ヨダレ、ベロ、タンペ、シタキ**など「ツ」を含まない地域と、それ以外の「ツ」を含む地域に二分される。「ツ」を含む地域に二分される。後者には、**ツバキ、ツバ、ツワ、ツ、ツズ**などがある。

島根西部・山口・九州東部・奄美・沖縄の先島には**ツズ**の大勢力がある。これは福島・和歌山・広島などに点在する「ツ」が元の形で、一音節の不安定さを避けるために「ツ」を二つ重ねてツズ（ツズ）という語形ができたと考えられる。文献の上でも、「つ」は唾液を意味する最も古い語である。

ツバキは、「つ」＋「吐き」の「つはき」が変化した形である。この語形は関東甲信越・北陸・近畿中央部・鳥取西部・島根東部・四国の一部などに広く分布する。ツ

バキの「キ」が脱落した共通語形のツバは、愛知・三重・岡山・広島・四国・九州西部などに勢力をもつが、関東では東京を含めてまとまった分布はない。ツバが変化したツワは、兵庫・京都・鳥取東部（因幡）・福井西部（若狭）ほか、近畿西部から四国にかけて見られる。

「ツ」を含まない語形のうち、岩手北部付近のベロは「舌」を意味するベロがそのまま意味をずらしたものである。本来の「舌」の意味のベロは岩手南部以南に分布しており、「つば」のベロの地域とは重なっていない。

岩手の大部分はタンペ、タッペであるが、これは「痰」の意味変化であろう。

「痰」を意味するタンペ、タッペは東北地方に広く分布している。

山形・福島に勢力をもつシタキは「シタ（舌）＋キ」で、「キ」は「ツバキ」の「キ」が「体液」を意味する接尾辞と意識されて使われたものかもしれない。

「よだれ（涎）〉は、奈良時代には「よだり」という語形であり、「涎」だけではなく涙や鼻水など、垂れてくる体液を指していた。「よだり」は「よ」＋「垂り」と考えられる。

「涎」の全国分布は、東北北部のベロ、ビロと島根東部のツ、ツズ、ゴボズを除き、全国の大部分がヨダレとその変化形である。

ヨダレの変化形で多いのは**ユダレ**で、福島から関東にかけての地域と九州南部の二地域に分かれて分布する。奄美・沖縄では、**ユダリ**または**ユダイ**である。中国東部から四国にかけては**ヨーダレ**が多い。静岡西部（遠州）・愛知・長野南部・岐阜南部（美濃）に見られる**ヨド**の「ヨ」も、「ヨダレ」の「ヨ」と同根であろう。岐阜北部（飛騨）の**エド**はヨドの変化形である。

島根東部のツ、ツズ、ゴボズは「唾」を意味するツ類が意味をずらしたものである。

ゆび（指）──昔は「および」と言っていた

文献によれば、奈良時代には親指の呼称は「おほおよび」、人差指は「ひとさしのおよび」、中指は「なかのおよび」、小指は「こおよび」であった。つまり、「指」は「および」と呼ばれていたわけである。

〈親指〉の言語地図では、全国の大部分がオヤユビであるが、東北北部にオーユビ（大指＝おほゆび）が見られ、九州の佐賀・長崎にはウーユビ、沖縄にはウフユビが分布する。ウーユビとウフユビはオーユビ（おほゆび）の変化形であるから、オーユビはオヤユビに対して「周圏分布」を見せていることになり、オーユビの方が古いと推定される。この推定は、文献における出現順序と一致する。「おやゆび」の呼称は近世以降の文献に登場する（以下、文献に見られる指の呼称の変遷は、前田富祺（まえだ・とみよし）の論文による）。

青森にはオトコユビ、オドユビが見られる。オドユビは「お父さん指」という意味である。岩手にはオドユビとオデユビが混在しているが、この地域では「中指」をナ

カデユビ（中手指）と言っているから、この語形に引かれてオドユビ→オデユビの変化が起きたものと考えられる。

〈人差指〉は全国の大部分が**ヒトサシユビ**である。奄美・沖縄は**チューサシユビ**であるが、チューは「人」のことである（沖縄では、地元沖縄の人をウチナンチュー、日本土の人をヤマトゥンチュー、漁師をウミンチュー〔海の人〕などと言う）。沖縄の先島諸島は**ピトゥサシユビ**であるが、ピトゥはヒトに対応する語形である（ピは古音の残存）。文献の上でも「ひとさしのおよび」→「ひとさしゆび」であって、基本的な変化はない。

青森の津軽地方などでは、**サシユビ**または**モノサシユビ**である。岩手県沿岸には**イトサキユビ**があるが、これは「糸裂き指」であろうか。山口県の一部に見られる**サンニョーユビ**は「算用指」で、算盤を使うときの指、またはこの指で指しながら物を数えるときに使われることからの命名であろう。

日本では人を指差す行為は非難・干渉などを意味し、してはいけない行為とされる。「指一本差させない」といえば、どんな人からも干渉させないことであり、「後ろ指を差される」は陰で非難されることを意味する。ヒトサシユビという表現が歴史的にも地理的にも優勢であるのは、このような文化的背景が影響しているものと考えられる。

〈中指〉では、**タカタカユビ**が近畿・中国を中心とする本州中央部に分布し、その両側に**ナカユビ**が分布する。すなわちナカユビは「周圏分布」をしており、ナカユビはタカタカユビよりも古いと推定される。文献上でも「なかのおよび」(上代)→「たけたかゆび」(中世半ば)→「たかたかゆび」(中世末)である。「たけたかゆび」は「背丈が高い指」という意味であろう。中国地方の一部に見られる**タキタカユビ**はタケタカユビの変化と考えられる。

ナカユビとタカタカユビが接触する地域には**ナカタカユビ**が散在している。ナカタカユビはナカユビとタカタカユビの「混交」によって各地で生まれた語形である。

九州に見られる**タカタロー**や**ナカタロー**のタローは「太郎」であり、指を擬人化した表現である。福岡に見られる**タカソー**は近くに分布する**タカシロ**の変化で「高四郎」に由来するとの説がある。

混交 コンタミネーション (contamination)。意味が同じ、または類似する二つの語の、一方の前部と他方の後部が組み合わされて、新しい語形ができること。「やぶる」と「さく」が結合した「やぶく」や、千葉北部に分布する「かたう ま」と関東北部の「てんぐるま」が接触したときに生まれた「かたぐるま(肩

一〔車〕などがある。

〈薬指〉は東日本の大部分が**クスリユビ**であり、西日本はクスリユビとベニ類（ベニ**サシユビ、ベニツケユビ、ベンサシ**など）が混在している。クスリユビの分布領域がベニ類よりも広いことから、クスリユビはベニ類よりも古い呼称であると推定される。ベニサシユビやベニツケユビは、女性がこの指で唇に紅をさしたことから名付けられたものである。

クスリユビよりもさらに古いと考えられる語は、奄美・沖縄諸島に**ナナシユビ、ナーネンユビ、ニャーニャーザ、ナーシラジャ**などの形で見られるナナシユビ類である。ナナシユビは岩手・岐阜・伊豆の三宅島、岐阜・三重・山口にも点々と分布している。

青森県は大部分が「無回答」である。この指の名を聞いても「知らない」「名前がない」と回答したのである。これこそナナシユビの由来である。中国ではこの指を「無名指」と呼んでいる。これも同じ発想である。五本の指の中で、「薬指」が最も役に立たない（使用頻度が低い）ことからの命名であろうか。

文献上も上代（六世紀末から奈良時代）の「ななしのおよび」が最も古く、一三世紀になると『教訓抄』（一二三三年）に「くすしのゆび」が現れる。「くすりゆび」は

一六世紀末の文献に現れる。そして『日葡辞書』（一六〇三〜〇四年）に「べにさしゆび」が、『和爾雅』（一六九四年）に「べにつけゆび」が出現する。中世には「くすしゆび」と「くすりゆび」が共存し、前者は上層階級語・文章語であり、後者は庶民の口頭語（話しことば）であったと考えられている。

「くすしゆび」は「薬師指」であり、その由来については、薬師如来などの印相（手指の形）に薬指を使うからという説と、薬師が薬を溶かして塗るときにこの指を使ったからという説がある。「くすりゆび」の由来は、後者であろう。

クシュビは現在の方言には見当たらない。しかし、薬師とは現代の医者のことであるから、青森・岩手・宮城・栃木に点在するイシャユビ、イシャボーズユビ、イシャボーズはクシュビを現代風に言い替えたものかもしれない。また、福島・伊豆諸島・愛媛に点在するクスユビも、その分布状況から「くすしゆび」の子孫である可能性がある。

山口県に見られるカンシ（ユビ）は「薬指」を意味する和製漢語の「環指」ではないかと思われる。『日本国語大辞典』によれば「環指」はオランダ語の「ringvinger」の訳語で、『解体新書』（一七七四年）に次のような用例がある──「指者、其数五矣（略）其四穿二指環一者、謂二之環指一」（指はその数五本なり。其の四に指環をさす。これを

環指という）。このようなむずかしい漢語が方言として使われていることは興味深い。

「環指」は「指輪をはめる指」という意味であろう。

〈小指〉は全国的に**コユビ**が大部分である。東北北部に散在する**コッコユビ**は、東北で「小」「子」を「コッコ」と言うことと関係があろう。奄美諸島の**クヮーユビ**の「クヮ」、沖縄本島の**ユビングヮー**の「グヮー」も、「コ（小）」を意味する接頭辞または接尾辞である。

文献上も「こおよび」→「こゆび」で基本的な変化はない。しかし、方言の世界では、各地で独自に生まれたと考えられるさまざまな語形が小領域をもっている。

岩手北部の**コデユビ**は「小手指」であろう。先に述べたように、この地域では「中指」を**ナカデユビ**（中手指）と言っている。コデユビの周辺（青森など）には**コドユビ**が見られるが、これは「親指」を意味する青森のオドユビに影響され、コデユビから変化したものと考えられる。

能登半島の**シリユビ**や島根一円に分布する**シリコユビ**の「シリ」は「尻」であり、端（末尾）に位置する指という意味であろう。**コヤユビ**は富山のほか、西日本各地に点々と分布するが、これは「親指」を意味するオヤユビに引かれて各地で独自に生まれたものと考えられる。「類音牽引」の一種である。

岩手南部と埼玉・東京（多摩）・千葉・神奈川のそれぞれ一部には**ヒコユビ**が見られるが、東日本では「曾孫」を「ヒコ」と言っているから、「ひまご指」という命名であろう。

福井の越前から石川の加賀にかけて見られる**コイチビ**の「チビ」は、からだが小さいことを表す「ちび」と関係があるかもしれない。

福島・宮城には**カンタロ（ユビ）**が見られる。この語源は不明であるが、あるいは、「薬指」を意味するカンシ（ユビ）と関係があるかもしれない。

かかと（踵）——西はカガト、東はカカト

「かかと」は、東北地方の大部分と新潟では**アクト、アグド**である。山形県鶴岡市出身の力士・柏戸が親方時代に土俵際で審判をしていたとき、「アグドが出ている」と言った声がテレビで全国に流れたという話は、鶴岡市民の間で有名である。

中部地方にも**アクト、アクツ、アックイ、アッコ**など、アクト類の語形が見られ、九州・奄美・沖縄には**アド**が広く分布する。アドも東北のアクトと同系と考えられる。すなわちアクト・アド類は「周圏分布」を形成しており、「かかと」を意味するかなり古い呼称であると推定される。

共通語形の**カカト**は、関東・福島南部・静岡の伊豆地方という比較的狭い範囲に分布する。この分布状況は、カカトが江戸を中心に新しく広がった語形であることを示唆する。すなわち、かつては、東日本全域がアクト・アド類であった可能性がある

（「かかと」は江戸時代以降の文献に東国系の語として登場する）。

中国から北陸にかけては**キビス、クビス、キビサ**など、四国には**キリブサ**が勢力を

<ruby>力士<rt>りきし</rt></ruby>
<ruby>柏戸<rt>かしわど</rt></ruby>
<ruby>鶴岡<rt>つるおか</rt></ruby>

もっている。これらは、古語の「くびひす」「くびす」の残存・変化と考えられる。

近畿・中国・四国にはキビス類にまじってカガトが多く見られる。このカガトが上方（京都・大阪）で勢力をもっていた頃に江戸に輸入され、カカトという清音の語形に変化したと思われるが、変化の理由は分からない。

西日本が濁音で東日本が清音の例には、「案山子」のカガシ（西）・カカシ（東）、「洗濯」のセンダク（西）・センタク（東）などもあり、それらとの関係も考慮すべきであろう。「かかし（案山子）」の語源については、獣の肉を焼いて串に刺し、その臭いを嗅がせて鳥や獣を追い払うという「嗅がせ」「嗅がし」説が江戸時代の多くの文献に記されている。

鹿児島など九州南部にはアドジリ、アドゲン、ドゲンなどが見られる。「ジリ」は「尻」であろう。ドゲンはアドゲンの「ア」が脱落したものであろうが、「ゲン」の語源は不明である。

九州の五島列島・甑島・種子島・屋久島などにはカド、アシノカドが見られる。カドは「角」であろうか。しかし、カガトとアドとの「混交」の可能性もある。

紀伊半島南部に見られるトモ、アシノトモは船尾を意味する「とも」が語源であろう。三重から奈良にかけて分布するオゴシ、オゴシリ、オモシリの語源は不明である。

おんな（女性）――「をみな」は「美しい女性」という意味だった

現代では、「おんな」「おとこ」ということばは良い意味では使われない。ニュースなどでは一般的には「女性」「男性」が使われるが、容疑者として逮捕されると「おんな」「おとこ」と呼ばれる。「おんな（おとこ）ができた」という表現も同様である。

ことばは、使用していくうちに次第にマイナスの意味に低下していくことが多い。女性を意味する表現にも同様の変化が認められる。

『日本言語地図』を見ると、関東・中部のオンナをはさんで、その両側にオナゴの大領域がある。奄美・沖縄のウナグ、ウィナグ、イナグは、オナゴの変化形である。ほかに分布が目立つものには、北陸のメロー類、宮古・八重山諸島のミドゥム類、岐阜北部から能登にかけての地域と山陰地方に分かれて広がるニョーボー類などがあり、そのほか、佐渡・和歌山・香川・高知に散在するネショー類、関東のアマ類、愛知と八丈島ほかに見られるオンナゴも注目すべき語形である。

オンナとオナゴの新古関係については、オナゴがオンナの両側にあって「周圏分

布」を見せているから、オナゴの方が一見古そうである。しかし、文献の上では、「をんな」やその原形としての「をみな」の方が「をなご」よりも古い。

文献によれば、奈良時代には、女性一般をあらわす語としては「め」が普通であり、この「め」は「雌」や「妻」の意でも用いられた。また、「め」とともに「をみな」の語も使われた。「をみな」は「若い女」「美しい女」の意味合いが強く、その点で「め」との間に使い分けがあった。

平安時代になると、「をんな」が「をみな」の形に変化するとともに、この語は女性一般の意味が強まり、一方、「め」は次第に意味が沈下し、女性を卑しめ見下げていうときの表現になった。「をんなご」は平安時代から見られるが、当初は「幼女」もしくは「成人した若い女」の意味で使われた。「をんなご」の転じた「をなご」の形は鎌倉時代の文献に初めて現れ、室町時代には女性の一般称として多くの文献に見られる。

奈良時代に女性の一般称として近畿中央部で使われていた「め」は、北陸のメロー、沖縄のミドゥムの中に残っている。メローは「女郎」「女童」などに由来するといわれ、これも本来は「少女」を意味する語である。ミドゥムは「女（め）ども」の変化である。

このように、昔中央で広く使われた「女」の意の「め」はいまや遠隔の地で命脈を保っているだけであるが、「雌」の意味では、メ～（メシ・メウマなど）、メン～（メンドリなど）、メス、メンタ、メッカイなどの形で、今でも全国的に使われている。

「め」はまさに卑称の位置に沈下したのである。

オンナのあとに生まれたオナゴは、その後次第に勢力を拡大してオンナの領域に侵入していったわけであるが、九州以南の地域ではオンナが完全に駆逐されたにもかかわらず、関東・中部ではなぜオンナが（一般称として）「残った」のだろうか。これについては、関東・中部ではオナゴの出現によってオンナの語が消え去ったわけではなく、その意味が「恋人」「情婦」の位置にずれて潜在し、その後なんらかの事情で「女」の一般称として復活したとの説がある。しかし筆者は、近畿で生まれたオナゴは、オンナの抵抗にあって東海・関東方面には侵入を果たせなかったものと考える。そしてオナゴは、北陸を経由して東北地方の日本海側（にほんかい）に入り込み、東北地方に多い接尾辞の～コ（ベココ＝牛、アメッコ（あめ）＝雨・飴）の存在に触発されるなどして東北一円に広がったという仮説を提示したい（この問題については、江戸期の文献に「おなご」と「おんな」の使い分けが認められるかどうかの研究が必要であろう）。

オンナゴは愛知西部と伊豆の八丈島に多く、そのほか、群馬・新潟・宮城・岩手な

どに点在する。このうち、本州のものはオンナとオナゴの接触する地域に見られるか
ら、これらは両者の「混交」によって新たに生じた可能性が強く、「をなご」の原形
としての「をんなご」（古語）の残存とは必ずしも言えないだろう。ただし、八丈島
では「男」を「オノウゴ」と呼んでいるから、この地のオンナゴは古語の「をんな
ご」の残存である可能性が大きい。

岐阜北部から能登にかけての地域と山陰地方で使われるニョーボー類は、もちろん
「女房」に由来する。女房とは、本来は「女官の部屋」を指す語であるが、「貴人に仕
える女」「妻」「女性一般」などの意味に変化していったわけである。したがって、島
根東部（出雲）・鳥取西部（伯者）・岐阜北部（飛騨）などでは、「うちにはニョーボー
が三人いる」などと言えるはずである。

島根県の出雲地方や鳥取県の伯者地方にはニョーバが多いが、これはこの地方のい
わゆる開音（au に対応する音）が aa になる（「行かう」イカー、「楊枝」（やうじ）→ヤ
ージなど）という音韻上の特色により、「房」（ばう）が bau → baa → ba と変化し
たものである。

ネショーは「女性」（にょしょう）に由来するものであろう。ただし、各地（佐渡・
和歌山・香川・高知）とも語頭がすべて「ネ」であり、「ニョ」が全く見られないのが

不思議である。これを「女性」の一般称とする勢力は微弱であるが、卑称としては和
歌山・香川・高知の各県内で広く使われる。

アマは一般称としては関東にのみ見られるが、卑称としては関東・中部・近畿の各
地に広く分布する。アマ（尼）に関連しては、**ビク、ビクニ**（比丘尼）も山梨などで
女性の卑称として使われている。

あほ・ばかの方言——バカはアホよりも古いことば

東京で「ばか」を意味することばが、関西では「あほ」であるという事実はよく知られている。もっとも東京でも関西でも「ばか」「あほ」の両方を使うが、東京では「あほ」と言われる方が「ばか」よりも侮辱感が強く、関西では逆に「ばか」の方がきつい表現であり、「あほ」は会話でよく使われる軽い表現とも言われている。

朝日放送テレビ（大阪）に、視聴者の依頼に応えてさまざまな調査をおこなう「探偵！　ナイトスクープ」という番組がある。この番組に、ある視聴者から、「あほ」と「ばか」の境界はどこにあるか調べてほしいという依頼が来た。そこでテレビ朝日では全国の教育委員会に手紙を出し、各地の「あほ・ばか」の表現を調査した。

結果は意外なものであった。近畿を中心に**アホ**が分布していたのである。つまり、バカ・アホ・バカというＡＢＡ分布（周圏分布）であることが判明し、「方言周圏論」を適用すれば、バカはアホよりも古い表現であることが分かったのである。

この調査が明らかにしたことはそれだけではない。アホとバカのほかに全国には非常に多くの「あほ・ばか」を意味する方言が存在し、しかも、その多くは周圏分布をしていたのである。この調査結果をもとに方言地図が作成され、「あほ・ばか」方言は、「かたつむり」（Ⅳ参照）をはるかに越える多重周圏分布を形成していることが判明した（この調査結果は一九九一年に放送され、番組は全国民放連賞を受賞した）。

朝日放送テレビが作成した「全国アホ・バカ分布図」によれば、バカのおもな領域は中部・関東以東と島根・広島以西であり、そのほかのさまざまな方言形と共存している。ただし奄美・沖縄地方はフリムン類（後述）であり、アホもバカも使われていない。

分布の上で最も古いと推定されるのはホンジナシ類（ホデナス、ホガネーなどを含む）であり、おもに東北地方と九州南部に分布している。「ほんぢ（本地）」とは「物の本来の姿・本性・正気」という意味であり、室町末期の『酒呑童子』には「酔ひてもほんぢ忘れず」という用例がある。

次に古いと推定されるのはホーケ類（ホロケ、フーケモンなどを含む）で、山形と佐賀・長崎付近に周圏分布を見せている。次に古いのはダラ類（ダラズなどを含む）で、富山・石川と鳥取・島根東部（出雲地方）の二領域に集中している。

以下、この番組で推定された、京都で生まれて周囲に広がっていった語形の順序は以下のとおりである。

ダボ類（長野の一部と兵庫南部ほか）→タワケ類（愛知・岐阜・長野南部付近と山口など）→コケ類（関東北部と愛媛の一部）→ボケ類（関東の一部と近畿・中国・四国に散在）→トロイ類（静岡・愛知の一部と四国）→ウトイ類（長野の一部と近畿南部）→アンゴー類（佐渡島と岡山など）→アヤカリ類（福井の越前地方と長崎の一部ほか）→ヌクイ類（福井の越前地方と兵庫・広島の一部）→ハンカクサイ類（東北北部・北海道と石川の能登地方）。

ハンカクサイは北海道弁を代表する語として有名であるが、これは東北北部の方言が移住によって北海道にもたらされ、北海道全域に広がったものと考えられる。ただし、ハンカクサイは分布図によるかぎり、近畿以西には見られず、この語が京都（中央）で使われたことがあるかどうかは、今後の検討が必要であろう（ただし、後述する松本修氏の著書には奈良県で『面倒くさい』という意味でハンカクサイを使うという情報が記載されている）。

奄美・沖縄全域に見られるフリムンも、この番組では（京都における）最も古い語

と推定しているが、地図を見るかぎり本土には皆無なので、これについても疑問があ
る。

なお、フリムンの語源は「ほれもの」であると考えられる。沖縄では本土における
オ段の音はウ段に、エ段の音はイ段に変化しているから、horemono → hurimun と
いう変化が想定されるわけである。「ほれる」とは、夢中になって頭がぼうっとなる
（ばかになる）ことである。

以上のほか、一地方にのみ見られる語として、茨城のゴジャッペ、福島のオンツァ
などがある。茨城の人にゴジャッペの意味を聞いてみると、「ばかもの」のほか、「で
たらめ」「うそつき」「むちゃ」など、人によって説明がまちまちである。そもそも性
格や感情をあらわすことばは共通語であれ、方言であれ、その意味するところを正確
に把握することはむずかしい。朝日放送が収集した多様な語形の意味も、アホやバカ
の意味とは微妙にずれている可能性があることは注意すべきであろう。

この番組は、朝日放送のディレクター（当時）の松本修氏の企画によるものである
が、その後松本氏は、全国に分布しているアホバカ方言が、いつの時代の中央（京
都・江戸）文献に現れるかも精査して、『全国アホバカ分布考――はるかなる言葉の
旅路』（太田出版）という名著を刊行した。

酒とことば──「酒」の方言は少なく、「酔っぱらい」の方言は多い

〈酒〉を詠んだ筆者の好きな短歌を紹介しよう。

高知城に残されている、江戸時代・享和元年（一八〇一年）のものと推定される落書きに、「禁酒したれど酒屋見れば足がしとふぁと歩まれぬかな」という歌がある。現代と変わらぬ庶民感情があらわれている。「しとふぁと」は「気もそぞろに」「ふらふらと」のような意味であろうか。この擬態語は現行最大の国語辞典である『日本国語大辞典』（小学館）にも、約四五〇〇語の擬声語・擬態語が収録されている『日本語オノマトペ辞典』（小学館）にも載っていない。

仙台市に土井晩翠（詩人・英文学者）の旧居である「晩翠草堂」が公開されているが、晩翠が使用したベッドの傍らには「酒といふ文字を見るさへうれしきに、のめといふ人神か佛か」の一首がある。妻にも子にも先立たれ、晩年は酒で寂しさを紛らわしていたのだろう。

晩翠の妻、土井八枝は高知県出身で、『土佐の方言』（一九三五年、春陽堂）、『仙台

の方言』（一九三八年、春陽堂）の著者として、方言研究者の間では有名である。八枝は東京音楽学校（現・東京芸術大学音楽学部）の出身で、言語研究者としての教育は受けていないと思われるが、単なる方言の単語だけではなく、文法的特徴も記述しており、当時としては水準の高い著述である。八枝の兄は東京帝国大学英文科で、晩翠の一年先輩である。晩翠作「荒城の月」を作曲した滝廉太郎は、東京音楽学校の研究生であった。

古代文学で酒を詠んだ和歌は多いが、特に有名なのは大伴旅人の「酒をほむる歌十三首」（万葉集）である。

験なき物を思はずは一坏の濁れる酒を飲むべくあるらし（三三八）

あな醜賢しらをすと酒飲まぬ人をよく見ば猿にかも似る（三四四）

なかなかに人とあらずは酒壺に成りにてしかも酒に染みなむ（三四三）

これらは酒飲みが共感を覚える歌であろう。歌の大意は以下のとおり。「つまらない物思いなどにふけらないで、一杯の濁り酒でも飲むべきであろう（三三八）、「酒飲みを馬鹿にする人の顔は猿に似ている」（三四四）、「酒壺になって酒浸りになってい

たい」（三四三）。

　意外なことに、酒を意味する方言はそれほど多くない。**アカ、アケ、オト、アマ、タンタン、トートコ、ヨイヨ**などの方言は全国的にあるが、ほとんどが幼児語である。

　「あか」は梵語（ぼんご）（インドのサンスクリット語のこと）の「閼伽（あか）」に由来し、本来は仏に供える水（またはそれを入れる容器）を意味する。転じて僧侶仲間の酒を意味する隠語になり、その後幼児語として使われるようになった。

　「雨」「空」「風」「竹」などのように日常生活で多用される「**基礎語彙（ごい）**」には地域差があまりない。「酒」も基礎語彙の一種と考えられる。九州では「酒」の方言をたずねるとほとんどの人が**ソツ、ショチュ**などと答えるが、これは九州では酒と言えば焼酎（しょうちゅう）のことだからである。

──────

　基礎語彙　「あめ（雨）」「そら（空）」「たけ（竹）」「やま（山）」のように、古代から現代まで変化せずに使われている単語のこと。基礎語彙には日常生活で多用される語が多い。方言は日本語の変化を反映するので、基礎語彙には方言形が少ない。

一方、〈酔っぱらい〉を意味する方言は非常に多い。イクレンボー（宮崎）、エークライ（熊本）、グザノミ・ヨタモン（三重）、クライタオシ（富山）、サカクライ（山形）、サケヨタ（大分）、サンテツマゴラ（佐賀）、ズデンボ（福井）、ユータドン（熊本）、ヨイタンボ（鳥取・島根）、ヨッキリボ（福島）などなど、方言辞典には二〇〇語近くの方言が載っている。そもそも方言の種類＝「**方言量**」は、「怠け者」「臆病者（おくびょう）」のようなマイナスイメージの語に多いという特徴がある。

　　　　　　方言量　特定の意味の語について、全国に分布する方言形の数のこと。柳田國男（やなぎたくにお）の用語。「めだか」「かたつむり」「かまきり」のような小動物や、「彼岸花」「すみれ」「松かさ」のような身近な植物、「片足跳び」「おにごっこ」「ままごと」のような遊び、「おてんば」「娼婦（しょうふ）」「臆病者」「怠け者」「馬鹿」のようなマイナスイメージの語、親族名称などは、方言量が多い。

　〈晩酌〉を意味する方言では、熊本・宮崎・長崎などに**キツケ、ダリヤミ**ということばがある。「キツケ」は「気付け薬」の「気付け」、「ダリヤミ」は「だれる」（疲れる）のを「止める」という意味で、晩酌の効用をうたった命名である。

山形や新潟ではアガリザケ、佐渡ではウミアガリと言っているが、これは仕事から（海の仕事から）あがって飲む酒という意味である。

山梨・長野・岐阜・静岡・愛知・三重・京都・奈良・和歌山など広い地域で、晩酌をオシキセと呼んでいる。「（お）しきせ」（仕着せ・四季施）とは、元来は季節ごとに主人が奉公人に与える衣服のことである（奉公人に与える給料や衣食をシキセと呼ぶ地方もある）。晩酌を意味するオシキセは、「仕事のあとに奉公人にふるまう酒」という意味が転じたものであろうか。

稲童丸克己によると、日本には約四〇〇〇種類の日本酒の銘柄があるが、その名前には一定の地域差が認められる。

「榮川」（福島）／「菊川」（宮城）／「最上川」（山形）／「秋田川」（秋田）／「久慈川」（岩手）／「桃川」（青森）、のような「～川」の銘柄は七五％が北海道と東北地方に集中している。

「山」（岩手）／「磐梯山」（福島）／「蔵王」（山形）／「太平山」（秋田）／「関山」（岩木山）（青森）／「恵那山」（岐阜）／「雲山」（長野）、など「～山」は東北と中部で六二％を占める。

「玉美人」（岡山）／「安芸美人」「福美人」「東洋美人」「比婆美人」（以上、広島）／「周東美人」（山口）／「宝美人」（香川）／「菊間美人」「京美人」「喜多美人」「梅美人」「伊予美人」（以上、愛媛）、のような

「～美人」は中国・四国地方、とくに広島と愛媛に集中している（全国の七四％）。

筆者の経験では、しらふよりも酒を飲んだときに方言が出やすいような気がするが、八丈島では逆に酒を飲むと方言が減少し、共通語が増えるという話を聞いた。酒を飲むと議論になるが、むずかしい話は共通語でなければできないということであった。

確かに、方言の語彙だけでは現代社会を生きることはできない。憲法九条を各県の方言に翻訳した本があるが、たとえば青森県の場合、「平和」「世界」「国」「武力」「戦争」「兵隊」「陸軍」「海軍」「ミサイル」「爆弾」「権利」「政府」は共通語がそのまま使われている。

IV

動植物

かたつむり（蝸牛）――柳田國男の「方言周圈論」で有名

方言の全国的な分布を眺めると、一地方にだけ分布すると思っていた語が、実はかけはなれた別の地方にも存在するという場合が少なくない。

たとえば、「地震」の場合、全国の大部分はジシンであるが、ナイ、ナエ、ネー（古語の「なゐ」に由来）などが東日本に点々と分布するほか、九州と沖縄に勢力をもっている。

「とんぼ」では、全国に広く分布するトンボをはさんで、その両側にアケズ、アッケ、アケシなど（古語「あきづ」に由来）が分布している。

このような分布形態を、方言学・言語地理学の分野で「周圈分布」または「ＡＢＡ分布」と呼ぶことは先に述べた。そして、この分布に注目し、解釈をあたえたのが柳田國男の「方言周圈論」である。

柳田は、その著『蝸牛考（かぎゆうこう）』（一九三〇年）の中で、通信調査によって収集した全国のかたつむり（蝸牛）の方言を、ナメクジ類（A）、ツブリ類（B）、カタツムリ類（C）、

マイマイ類（D）、デデムシ類（E）の五類、その他に分類し、京都を中心に分布するデデムシ類をはさんで、各類の語が、A—B—C—D—E—D—C—B—Aという分布配列を形成していると判断した。そしてこの分布は、すべての語が京都で生まれて周辺に広がり、京都ではA↓B↓C↓D↓Eの順に分布し、そのつど古い語が水の波紋のように地方に広がっていった結果であると解釈した。

図は『日本言語地図』の略図であるが、この図から『蝸牛考』で示された周圏分布を読みとることは容易ではない。しかし、結論から言えば、ナメクジ↓ツブリ↓カタツムリ↓マイマイ↓デデムシの順に語が生まれて周辺に広がったとする柳田の解釈は、本図の分布と矛盾しないと考える。

まず、デデムシ（デンデンムシなどを含む）類は近畿を中心にまとまった領域をもち、他の地域にも散在する。この語が近畿で生まれた新しい勢力であることは疑う余地がない。柳田はデンデンが「出よ出よ」に由来するとし、各地に分布する「でんでんでんの虫、出んと尻（しり）うつきるぞ」の類のわらべ歌を傍証としている。

「でんでんむしむしかたつむり、……つの出せ、やり出せ、目玉出せ」という童謡は、このわらべ歌をもとに作詞されたものであろう。最近の国立国語研究所の全国調査によれば、『日本言語地図』に見られるかたつむりの方言は大部分が消滅し、デンデン

かたつむり（蝸牛）

- ・デンデンムシ
- ↑ デーロ、ダイロなど
- ✦ マイマイなど
- ∩ カタツムリ、
  カサツブリなど
- ⊙（～）ツムリ、
  （～）ツブリなど
- ⦿ ツブラメ、
  ツ（ン）グラメなど
- ◉ ツンナメ、
  ツダミなど
- ◠ タマクラ、
  ヘビタマクリなど
- ∧ ナメクジなど
- ✚ ミナなど
- Ⴤ ツノダセなど

佐藤亮一作図。徳川宗賢編『日本の方言地図』（中公新書）より

ムシとカタツムリのみが生き残っているという。その背景には、この童謡の普及があるとされる（最近の若者は、この歌を含めて伝統的な童謡の多くを知らない。滅びゆくのは方言ばかりではないようだ）。

デーロ、ダイロは、デンデンムシの東側に明瞭な領域をもつ。このうち、福島・新潟・栃木のものは大部分がダイロであり、長野などはデーロが多い。柳田はデーロ・ダイロをデデムシ類に含めて論じ、デーロは命令形「出ろ」に由来するとしている。そして民衆はこの語源を意識しなかったために、デーロはダイロの訛りであると誤認し、もとの「正しい形」に戻そうとしてダイロが生まれたと推定している。この現象を柳田は「誤れる回帰」と呼んだ。

誤れる回帰　柳田國男が命名した用語。過剰修正、hypercorrection とも言う。訛った表現ではないのに「訛っている」と誤解して語形を修正し、結果的に新たな方言形を生み出す現象のこと。北海道では、「キャベツ」を「カイベツ」と言っていた。これは「キャ」の音を、「だいこん」が「ダーコン」になるような訛りであると誤解し、それを元の「正しい」形に直そうとした結果生まれたものと考えられている。

マイマイは、西日本では鳥取東部、広島と岡山の県境付近、東日本では愛知東部付近でデンデンムシと接しており、この分布はデデムシ類が生まれる前はマイマイ類であったとする柳田の説を支えるものである。

カタツムリ類（**カサツブリ**などを含む）とツブリ類（**ツムリ、ツブラ**などを含む）は各地で分布が隣接している。語形の共通性から見ても両者は発生的に相互に関係をもつに違いない。柳田は、ツブラ・ツブリなどの語が、巻き貝や蝸牛などを含む円形のものの呼称として存在し、カタツムリ・カサツブリなどは、それらから蝸牛を区別するために生まれた名称であると考えているようである。

「つぶら」は長野や岐阜で「子どもを入れておく丸い桶」の呼称として用いられ、また、「つぶ」「たつぶ」が「田螺（たにし）」の呼称として東北から中部地方にかけての広い地域に分布する（共通語の「つぶら【な瞳（ひとみ）】」や「頭」の意の幼児語「おつむ」の「つむ」など）。

──九州南部に領域をもつ**ツグラメ、ツングラメ**や、岩手・宮城に見られる**タマクラ**のクラの部分もツブラと関係がありそうである。「つぐら」は、「ゆりかご」の意で山形・新潟・長野などに、また「蛇のとぐろ」の意で長崎・鹿児島に分布し、いずれも円形を意味する）。

円形のものという点で蝸牛の呼称と通ずる点がある。

柳田が周圏分布の最も外側にあると判定したナメクジ類は、青森・岩手と九州中部に勢力をもつほか、各地に散在する。九州ではナメクジ類の外側にツブラメ、ツングラメがあるが、もし、奄美・沖縄のツンナメ、ツダミなどをナメクジのナメに当たる形と認め得るなら、ナメクジ類が最も古いとする柳田の説を補強することになろう。

ナメクジ類が分布する地域では、「かたつむり」と「なめくじ」を区別せずに、ナメクジと言っているところが多い。これは両者を区別して呼ぶ体系よりも古いと考えられる。「蝸牛」をイエショイナメクジ、「蛞蝓」をイエナシナメクジ（またはハダカナメクジ）と呼ぶ地域もあるが、これも、かつては両者を区別せず、ナメクジと呼んでいたことを示唆するものである。

とんぼ（蜻蛉）——方言に残る古語（「あきづ」と「ゑんば」）

「とんぼ」地図を見ると、本州の大部分はトンボ類（トンボ、ドンボ、ドンブ、ダンボ、ダンブリなど）であり、その両側の東北地方と九州・沖縄にアキズ類（アケズ、アケシ、アッケ、アケージュー、ケージョーなど）が分布している。このようにアキズは「周圏分布」を見せているから、アキズはトンボの前に誕生した語であると推定される。

この推定が正しいかどうかは、文献によって確かめることができる。文献上「とんぼ」を意味する最も古い語は「あきづ」であり、奈良時代の『古事記』に「あきづ来てそのあむをくひて飛びいにき」（とんぼが来て、虻を喰って飛んでいきました）のように使われている。

九州西部には、エンバ類（エンバ、ヘンボ）が分布している。この語は周圏分布を見せていないから、かつて中央で使われていたかどうかについては、方言分布からは分からない。しかし、平安時代初期の文献には「かげろふ」と「ゑんば」が現れる。平安初期に源順が編纂した『和名抄』には、「蜻蛉」の語に「かげろふ」の訓が

ふられている。

また、同書に「赤卒」の訓として「あかゑんば」があり、「蜻蛉之小而赤也」（小さく赤い蜻蛉）という説明が添えられている。「あかゑんば」は「あかとんぼ」のことであろう。この記述から九州西部に見られるエンバは、かつて京都でも使われていたことが分かる。

エンバ類の語については、新井白石の『東雅』（一七一七年）に「東国の方言には今もエンバといひ」とあり、『新編常陸国誌』（一八三六〜五五年）には、「けんざっぽう蜻蛉の小さきものを云ふ、又之をえんばとも」と記されている。この記述により、江戸時代にはエンバが東日本でも使われていたことが分かる。「けんざっぽう」は、図で栃木・茨城に見られるゲンザ（ンボー）のことであろう。なお、エンバは大型のとんぼを指す現代共通語の「やんま」と関係があるのではないかと思われる。

「かげろふ」は『蜻蛉日記』や『源氏物語』の「蜻蛉」の巻が有名であるが、現代の方言には見られない。しかし、とんぼによく似た虫に「うすばかげろう」（幼虫はアリジゴク）の名が与えられているから、「ゑんば」と「やんま」の関係と同様に、伝播の過程で意味が移行したのではないかと考えられる。

トンボ類の語は、『康頼本草』（一〇世紀末）に「蜻蛉 和（名）止ム波宇」として

とんぼ（蜻蛉）

- ● トンボ
- ● トンボー
- ● トンパ
- ♀ タンボ
- ♂ トンポ
- ○ ドンボ
- ◑ ドンプ
- △ ダンボ
- ◬ ダンプリ
- ⌢ ボイ
- ⌒ バブ(タ)
- ✖ エンバ
- ⊠ ヘンボ
- ⌇ ヤンマ
- ▮ アケズ
- ▮ アケシ
- ◢ ア(ッ)ケ
- ◣ アケコ
- ▲ アケージュー
- ▲ ケージョー
- ⌁ アギダン
- ⌐ フェーダ
- ⌐ エーダ
- ✳ ゲンザ(ンボー)
- ⌒ ターマー

佐藤亮一監修『お国ことばを知る 方言の地図帳』（小学館）より

現れるのが最初である。ついで『和歌童蒙抄』（一二世紀中期）に「くろきとうはうのちひさきやうなるもの」とある。したがって、「とんぼ」は、奈良時代の「あきづ」から平安初期の「かげろふ」と「ゑんば」に、そして「とんばう」という変遷をたどったことになる。

文献に見られるこの変遷の順序は、方言の分布から推定される順序と矛盾してはいない。また、方言の分布からは分からなかった「かげろふ」の存在や、エンバが江戸時代には周圏分布をしていた事実が、文献によって確かめられたことになる。

東北地方北部にはダンブリ、富山にはダンボ、石川県の能登地方にタンボが分布している。これらの語形の成立に関しては、周囲に分布するドンボ、ドンブなどとの関係が考慮される。鹿児島にはボイが勢力をもっているが、これは、小野蘭山の『本草綱目啓蒙』（一八〇三〜〇六年）の「蜻蛉」の項目にみえる「ボウリ薩州」の変化である。

日本の両端に蜻蛉を意味する「〜リ」の語形がみられることは偶然とは考えにくく、蜻蛉をあらわす古代日本語の原型を推定するうえで、貴重な存在である。

カマキリとトカゲ——意味の逆転！

東京の多摩地方や埼玉県の一部には、「かまきり」を「とかげ」を

と呼ぶ地域が存在する。

『日本言語地図』を見ると、「かまきり」をトカゲと言っている人は東京多摩地域・

千葉北部・山梨・埼玉・群馬の一部などに見られ、『東京都言語地図』（東京都教育委

員会編、一九八六年）の「かまきり」の図でも、多摩地域の老年層の大部分の回答は

トカゲとカマキリの併用である。しかし、「かまきり」と「とかげ」はまったく似て

いない。なぜこのような逆転現象が起きたのだろうか。

『日本言語地図』の「かまきり」と「とかげ」の地図を見ると、関東地方から長野・

山梨・静岡にかけてカマギッチョとカガミッチョという類似の語形が複雑に錯綜分布

し、しかも、それぞれの語形が地域によって「かまきり」を意味したり、「とかげ」

を意味したりしている。

その分布はおよそ以下のとおりである。

「カマギッチョ」が「かまきり」を意味する地域

（茨城南部、栃木・千葉・埼玉のそれぞれ一部）

「カマギッチョ」が「とかげ」を意味する地域

（群馬・埼玉・千葉・東京多摩地域のそれぞれ一部）

「カガミッチョ」が「とかげ」を意味する地域

（山梨全域、神奈川東部、東京多摩地域、長野、千葉の一部、静岡県伊豆地方

それぞれは多くの地域で分離しているので、かつては大きな混乱はなかったであろう。しかし一部の地域で意味が異なる類似の（または同一の）語形が地理的に接触した際に混乱が起きた。そして、方言形（カマギッチョ、カガミッチョ）を共通語（カマキリ、トカゲ）に転換する際に意味の逆転が生じ、その現象が一定の地域で勢力を得たのではないかと推定される。

カエル（蛙）——「ヒキ」「ビッキ」は「カエル」より古い

「蛙のことを方言で何と言いますか」と質問すれば、岩手・秋田・宮城・山形の大部分の人は**ビッキ**と答えるのではないだろうか。このビッキは宮崎でも使われている。

ビッキは、「ひき」（「蟇蛙（ひきがえる）」の「ひき」）の濁音形であり、「蟇」を意味する**ヒキ**も山口・高知・和歌山南部などに見られる。

共通語形の**カエル**は、近畿・中国と関東に分かれて分布する。ヒキ類はカエル類の外側に「周圏分布」を見せているから、方言分布からは、ヒキはカエルよりも古い表現であると推定される。

しかし、文献上は「かへる」が奈良時代から使われており、「ひき」は「ひきがえる」の呼称として平安時代の文献に現れる。かつては「蛙」と「蟇蛙」を区別せず「ひき」と呼んでいたが、その後生まれた「かへる」と「ひき」が結合して「ひきがえる」という複合形が生まれたとも考えられる。方言にも、「蛙」と「蟇蛙」を同一または類似の語形で呼んでいる地域が存在する。

古語の「かはづ」に由来するカワズは長野・愛知・静岡西部などに、その濁音形である**ガワズ、ギャワズ**が富山・石川南部などに見られる。**ガエル**という濁音形もカエルの周辺地域に分布している。古代の中央語（奈良・京都のことば）には濁音から始まることばはないというのが定説であるが、方言の世界ではガエル、ガワズ、ガニ（蟹）、ガバン（鞄）のような濁音形が各地に存在する。

カエル、ガエルは、各地でキャール、ギャール、ギャルなどの形に変化している。

きたはらはくしゅう
北原白秋作詞「きゃァるがなくんで雨ずらよ」（蛙が鳴いているから明日は雨だろうよ）という静岡のちゃっきり節（茶切り節）が有名である。なお、「鳴くんで」の部分は、原作では「鳴くんテ」であるという。国立国語研究所編『方言文法全国地図』の「雨が降っているから」の図でも、静岡に「ンテ」がわずかに見られるが、「ンデ」は見られない。

奈良時代の「かはづ」は、歌にしか現れない。この「かはづ」は魚の「鰍」（かじか）を指すという説もあり、現在のところ「蛙」「鰍」のいずれを指すかについては結論が出ていない。しかし、方言の世界で「蛙」を意味するカワズ、ガワズが多く見られることは、この問題を考える上で重要であると思う（「かじか」を意味する方言としてのカワズ・ガワズは、方言辞典には見当たらない）。

青森西部から秋田北部にかけて、モッケが分布する。この地域では「蛙」と「蟇蛙」を区別せずモッケと呼ぶ地点と、「蟇蛙」を「蛙」と区別してイボラモッケと呼ぶ地点が混在している。九州西部にはドンクが勢力を持っているが、この地域も「蛙」と「蟇蛙」の区別が曖昧である。

以上のほか、ベットー（埼玉西部）、ゴット・ガット（能登）、ドンビキ（岐阜北部）、サンゲントビ（四国東部）、ワクド・バクド（大分）、アップ・タップ（鹿児島）、アタビチ・アタビチャー（沖縄本島）、アナタ・マナタ（宮古島）、アウダ・オッタ（西表島）などの語形が、各地に小領域を持っている。

このうち、ベットーは、方言で神主を意味するベットー（別当）に由来する。アタビチ、アタビチャーのビチ、ビチャーも、ヒキの変化である。沖縄に見られる諸語形は、アタ類としてまとめることができよう。沖縄本島（首里）では青蛙をアタクと呼んでいる。

あるかもしれない。両足を前に出して、かかとを合わせる座り方を「ベットアグラ」と呼ぶ地方がある。ベットーは蟇蛙の方言としても関東各地で使われている。

ワクドは、九州の大部分の地域では「蟇蛙」を意味する。

とさか（鶏冠）──「トリ（鳥）サカ」の変化

標準語形の**トサカ**は、近畿から関東にかけての本州中央部に分布し、トサカに語形が類似する**トリサカ**、**トッサカ**が岩手の三陸沿岸、新潟・富山・岐阜のほか近畿各地に散在する。また、**サカ**が秋田・関東東部・四国東部など、トサカの周辺部に「周圏分布」を見せている。

古代には「鶏冠」を「さか」と言っていた。サカの本来の意味が分からなくなったため、サカに「鳥」を付けたトリサカが生まれ、トッサカ、トサカに変化したと考えられている。岩手北部に見られる**ケ（ッ）チャカ**は、「毛」＋「サカ」の変化と考えられる。

新潟北部には**トカサ**という語形が見られる。これは「音位転倒」によってトサカから変化したものであろう。音位転倒の例としては、サンザカから生まれたサザンカ（山茶花）が有名である。もっとも、トカサは頭の上の「笠（かさ）」という「民衆語源」によって生まれたという解釈も可能である。

音位転倒　誤って単語（など）の音節の位置を入れ替える現象のこと。入れ替えた語形が、新たな単語として定着することが多い。「さざんか（山茶花）」は「さんざか」の音位転倒によって生まれた語である。最近の若者は「雰囲気」を「ふいんき」と言う傾向がある。

中国地方と鹿児島には、「烏帽子（えぼし）」に由来する**エボシ**や**ヨボ**（ー）シの大領域がある。エボシ類に囲まれる形で**カブト**が四国西部と九州中央部に分布している。「兜（かぶと）」も「烏帽子」も頭にかぶるものであるから、両者は発生的に関係があると思われる。エボシはカブトの両側に周圏分布をしているから、エボシの方が古く、「烏帽子」からの連想でカブトが生まれたのかもしれない。エボシは青森東部にも見られるが、これは西日本からの伝播ではなく、この地域で独自に生まれたものかもしれない。

青森に勢力をもつ**キノコ**や、山形・宮城・香川の一部に見られる**ケ**（ー）**ト**（ー）**ヤマ**（**コ**）は、「とさか」の形からの連想であろう。岩手西部などに見られる**ケ**（ー）**ト**（ー）**ヤマ**（**コ**）は、「鶏頭」の音読みと思われる。山形全域に見られる**ビク**は、比丘尼（びくに）（尼）の被り物と関係があるかもしれない。奄美・沖縄の全域に分布する**カガミ**や沖縄本島南部に見ら

れる**カンジ**の語源は不明である。

うし（牛）――東北の「ベコ」は牛の鳴き声から

食事のあとなどに唱える「あああうまかった牛負けた」という表現がある。東北地方では、「あああうまかったベコ負けた」と言う。すなわち、東北地方では「牛」をベコと言うのである。

〈牛〉は東北地方を除いて全国の大部分がウシであり、方言形はきわめて少ない。山梨などにウシンベー、長野北部にベーボー、鹿児島を中心にベブ、茨城にウシメが見られる程度である。ベコは、牛の鳴き声を表す「ベー」に接尾辞の「コ」が付いたものであろう。山梨・長野・鹿児島での呼称も鳴き声と関連する。ウシメのメも接尾辞で、トリメ（鳥メ）、ハエメ（蠅メ）などのように動物名に接尾する。「すずめ」や「かもめ」などの「め」も指小辞（小さいものを意味する接尾辞）に由来するものかもしれない。

〈雌牛〉は東北地方では大部分がオナゴベコ、長野などではオンナウシである。富山・石川ではメロウシと言っている。オナゴもメロ（メローの短縮形）も、それぞれ

の地域で「女」を意味する語である。関東には**メスウシ**が多い。近畿から四国にかけ
ては**メン、メンウシ**が多いが、このメンも「めんどり」などと同様に「雌」を表す語
形である。

青森東部・岩手北部には**メッカ**、滋賀南部付近には**メンタ**が見られる。この「カ」
「タ」も接尾辞の一種かもしれない。

中国地方から九州にかけての地域と四国の一部には、**ウナメ、ウナミ、オナメ、オ
ナミ、ウナン、オナン**などのウナメ類が分布する。「うなめ」は、『名語記』（一二七

にっぽ じ しょ
五年）などに見られる古語である。

『日葡辞書』（一六〇三〜〇四年）には「Vname（ウナメ）Mevji（メウジ）に同じ」
とあるから、当時の京都（中央）ではウナメとメウジが使われていたことが分かる。

このメウジは、岐阜・三重・和歌山などに**メウジ**、**ミョージ**の形で見られる。このよ
うに末尾が「ジ」になる語形は、〈子牛〉の名称**コウジ**としても、滋賀北部・和歌山
南部・京都北部・兵庫北部・岡山などの近畿周辺地域に広く分布する。末尾が「ジ」
になった理由は判然としないが、「子牛」の「子」から「児（ジ）」を連想した結果で

みょうごき
はないかという説もある。この「子牛」の「〜ジ」に引かれて、メウシがメウジと変
化した可能性が大きい。

沖縄は、全域がミーウシである。ミーウシは共通語形メウシの変化形であるが、本土におけるメウシの勢力はきわめて小さく、まとまった分布地域は見られない。〈雄牛〉も、共通語形オウシの本土における勢力はきわめて小さいが、沖縄本島はオウシの変化形ウーウシである。

東北地方の大部分はオトコベコ、新潟・長野・富山などはオトコウシであり、これは「雌牛」のオナゴベコ、オンナウシに対応するものである。沖縄の先島諸島（宮古・八重山）ではビキウシであるが、この地域では「男」をビキドゥンと呼んでいるから、これも本土のオトコウシに当たる語形である。関東のオスウシや近畿から四国にかけて見られるオンウシも、「雌牛」を意味するメウシ、メンウシに対応する。

近畿・中国・九州には、コトイ、コテ、コッテなどのコトイ類が広く分布する。コトイは、平安時代の辞書に「ことひ」の形で記載されている古語である。コトイ類の語は青森東部から岩手北部にかけての地域や千葉・静岡ほかの東日本にも点在し、古語の残存状況を示している。

千葉に勢力をもつヤローウシのヤロー（野郎）は、「男」を指す卑語として関東で使われていることばである。

牛の鳴き声・雀の鳴き声——東京の雀はチーチーと鳴く

動物の鳴き声を表す表現には、「ワンワン」「ニャーニャー」「モーモー」のような鳴き声を模した擬声語表現と、「ふくろう」の鳴き声をあらわす「ボロキテホーコー」（後述）のように鳴き声（ホーホー）になんらかの意味づけをほどこした「聞きなし表現」、その表現をさらに発展させた「タッシャデハタラケ」のような鳴き声からは遊離した表現や、鳴き声とは関係なく動物の習性と関係させた「アシタテンキニ」などがある。

『日本言語地図』には動物の鳴き声として、「牛の鳴き声」「雀の鳴き声」「ふくろうの鳴き声」の三図が収められている。この中から、さまざまなタイプの鳴き声表現を紹介しよう。

〈牛の鳴き声〉をあらわす共通語はモーモーであろう。『日本言語地図』を見るとモーモーはほぼ全国的に分布している。しかし、東北地方と西日本各地にはメーメーも多い。メーメーは二つの地域に「周圏分布」をしているから、メーメーが古い表現で

あり、モーモーは比較的新しい表現であると推定される。　中国地方西部から九州北部にかけてはモーモーのほかに**モーン（モーン）**が多い。

東北地方と西日本では、モーモーとメーメーの両方を使う人が多く、その場合、例外なくモーモーは親牛の鳴き声、メーメーは子牛の鳴き声と言って区別している。新旧二つのことばが地理的に接触したときに両者の間に意味の区別・意味の棲み分けが起きる例は多い。

東北地方では、メーメーのほかに、**ベー**や**ベーベー**も多く見られる。　東北地方では「**牛**」を**ベコ**と言っているが、ベコはベーという鳴き声表現に「コ」という接尾辞がついたものであろう。　そのほか、**ウーウー**（富山・石川の一部）、**オン**（新潟北部）、**ボーボー**（新潟南部から長野北部にかけて）、**ムー**（奄美大島）、ごく一部の地域で、ミーミー・ミーン・マー（鹿児島県奄美地方）、**ミャー・ワンワン**（鹿児島県徳之島（のしま）の一部）と言っている。　牛の鳴き声を「ワンワン」と表現する地域では、犬の鳴き声は何と言っているのだろうか。

《雀の鳴き声》の共通語は何だろうか。　たぶん**チュンチュン**であると思っている人が多いだろう。　しかし、チュンチュンが分布する地域はおもに近畿地方と中国地方であり、そのほかの地域は**チューチュー**または**チーチー**が大部分である。　東京都区内はチ

ーチーであり、「チイチイパッパ、チイパッパ、雀の学校の先生は〜」という歌は東京の鳴き声を歌詞にしている。

チューチュー、チーチーはチュンチュンの両側に分布しているから、前者が古く、チュンチュンは比較的新しい表現と考えられる。チュンチュンは日本海側に多いので、江戸時代に北前船（きたまえぶね）によって関西から運ばれた語ではないだろうか。

同様の例は、関西で使われる接続助詞の「〜サカイ」（共通語の「〜から」にあたる）が日本海を北上し、新潟で「〜スケ」、山形県庄内（しょうない）地方で「サゲ」「ハゲ」に変化している例がある。また、西日本に広く分布するナスビ（茄子（なす））は、青森でも使われている。

そのほか、東日本にはチンチンやツンツンが多く見られ、岩手にはツリンツリンが多い。変わった表現としては、鹿児島にジジャバチャ、高知にジロサブジロサブ、新潟にキチョキチョ、長野にキャキャチャチャ、埼玉にツカツカ、山形にグチュグチュ、岩手にキッカラキカダカと言うところがある。

ふくろうはなんと鳴くか――「糊をつけて干せ」など多様な表現

〈ふくろうの鳴き声〉をあらわすことば〈表現〉は非常に種類が多い。

最も多いのは共通語の**ホーホー**であるが、ホーホーしか分布しない県はなく、各県に多様な表現がある。ホーホーが比較的多いのは、中国地方から南東北にかけての本州中央部である。

青森西部から秋田東部にかけての地域では「**ふくろう**」をモホドリと言っている。青森東部から岩手北部にかけては**オホオホ**が多く、この地方では「**ふくろう**」を**オホ**と言っている。すなわち、鳴き声がそのまま鳥の名前になっているのである。共通語の場合は、動物の鳴き声とその動物の名称が同じであるという例はほとんどない（幼児語では「あそこにワンワンがいる」などと言う場合があるが）。

青森西部から秋田東部にかけての地域では**モホモホ**と表現しており、この地方では、「**ふくろう**」をモホドリと言っている。

ふくろうの鳴き声を模倣した表現（擬声語）には、ほかに**ヘーヘー**、**ヒューヒュー**、**ブーブー**、**ビービー**、**クークー**、**キーキー**、**ギーギー**、**ゴロゴロ**などがある。

岩手の海岸地域にはダラスコデァーが多く、九州にはコーズーやコーゾーが多い。

この地域では「ふくろう」をコーズードリ、コーゾードリと言っている。西日本各地にはフルックが比較的多いが、「ふくろう」の名称も同じフルックである。

新潟から島根にかけての日本海側の地域では、ノリツケホーセーやノリツケホーソーと言うところが多い。ふくろうが鳴くと次の日は晴れるという俗信があり、日本海側は冬の晴天の日が少ないため、ふくろうの鳴き声が「糊をつけて干せ」または「糊をつけて干そう」と聞こえるのだと言われている。ノリツケオケーという所もあるが、これは「糊をつけておけ」であろう。おもしろいことに、ふくろうの鳴き声をアシタテンキニ、アステンキ、アシタノヒヨリワエーンナ、アシタキテなどと表現している地方もある。

千葉・岡山・広島にはボロキテホーコーと言うところがある。このホーコーは「丁稚奉公」の「奉公」であろう。ボロの着物を着て丁稚奉公をしている人がふくろうの鳴き声をそのように聞き取ったのだろうか。静岡にはゴロッチョホーコーと言っているところもある。これは「しっかり奉公せよ」という意味かもしれない。千葉の「ボロキテホーコー」の隣には、タッシャデハタラケと言うところもある。

九州にはカナクソクーカ（大分）、ハナクソクーカ（福岡）、タレクソクワンカー

（長崎）のような「糞を食う」の類が各地に見られる。命名の由来は不明であるが、いる。

民俗学的な観点から追究すればおもしろそうである。

そのほか、ボーズノゴゲ、センツケマンツケ、カネツキャドーキャー、ソロットコーカ、ノマンニャククルカ、トーフイッチョークイタイナ、オカノダイノマメガクイタイ、タロータテタ、ブータロータテア、などなど、興味深い表現が各地で生まれている。

以上のように、「ふくろうの鳴き声」には単なる擬声語（声の模倣）だけではなく、擬声語に意味を付与した表現が多い。意味づけの理由を追究することは言語学的、また民俗学的におもしろい課題である。

実は、動物の鳴き声の地域差（方言）は、ほとんど分かっていない。「犬」「猫」「鼠」「狐」「からす」「雉子（きじ）」「雲雀（ひばり）」など、さまざまな動物の鳴き声表現を全国各地で調べれば、おもしろい結果が出ると思う。

〈にわとりの鳴き声〉については、大分に、イッペノモヤーゴゴデモイー・コロッケー（東国東郡（ひがしくにさきぐん））、ケッカイノー・トッテクオーカー（大分市）、アサガラヤー・コチジョノジョー・コノムラワー・コンゴーツキョーヤ・トーテンコーロ・トッテクード（大分郡）、エタデモヨーイ・エタゴーロヨーイ（北海部郡（きたあまべぐん））、オキンカー（国東郡）、

のように、多くの表現があることが文献に載っている。一つの県にこれほど多様な表現があるのだから、全国的には膨大な種類の鳴き声表現があるのではないだろうか。

どくだみ（蕺草）——語源は「毒を止める」

全国的に最も広い分布を見せているのは、共通語の**ドクダミ**または**ドクダメ**で、東日本の大部分・北陸・中国東部に分布する。「どくだみ」は薬草であり、この名称は「毒を止める」という意味からの命名と言われている（文語「たむ」には「止める」という意味がある）。

近畿全域・四国全域では、**ジューヤク**である。この語形は、「どくだみ」の漢名「蕺草」と関係があると考えられる。ただし、「蕺」の音は「しゅう」であるから、なぜ濁音になったのかについては検討が必要である。「どくだみ」には「十薬」の表記も見られるから、それとの関連も考えられる。『日本言語地図』を見ると、東京はドクダミではなくジューヤクである。これは関西からの飛び火的伝播であろう。

青森では**イヌノへ**であるが、これは「どくだみ」の臭いにおいからの命名であろう。イヌノへは、岡山と広島の県境付近にも見られる。

千葉・茨城・栃木・福島と、飛んで青森や岡山の一部に**ジゴクソバ、ジゴクグサ**が

分布する。ジゴクは「地獄」で、この草の根が深いことからの命名であろう。

中国地方西部から九州北部にかけて、ニュードーグサが分布している。ニュードーは「入道」であろう。ニュードーグサに隣接してシビトグサやジゴクグサが分布しているが、「入道（僧侶）」「死人」は「地獄」との連想から生まれた呼称と考えられる。

鹿児島は、全域がガラッパグサである。ガラッパとは河童のことであり、『改訂綜合日本民俗語彙』（平凡社）には、この地方に古来、「この花が咲く頃にガラッパが海から上がり、小雨の夜陰に渡る」という言い伝えがあることが記されている。

福岡・静岡・千葉には、「蛙」と関係があるワクドグサ、ケアロッパが見られる。この地域の一部から、「蛙を殺してこの草をかけると生き返る」という言い伝えが報告されている。九州中央部のジャグサ、ジャコロシの「ジャ」は「蛇」であろう。茨城・福島にはヘビグサという呼称も見られる。

琉球列島（奄美・沖縄）にはこの草が生育していないらしく、名称がない。

つくし（土筆）とすぎな（杉菜）——つくし誰の子、すぎなの子

「つくし」と「すぎな」は、トクサ科の同じ植物で、杉菜の胞子の茎が土筆である。昔は土手などに土筆がよく見られ、これを摘み取って食べたものである。近頃は土手がなくなり、土筆を摘んで食べる人はほとんど見かけなくなった。

土筆の古名は「つくつくし」または「つくづくし」であり、「つくし」はその短縮形である。「つくし」の語源については定説がない。柳田國男は『野草雑記』の中で「みおつくし（澪標）」との関係を論じ、小林好日は『土筆の系譜』の中で「つくし」と「とくさ（木賊）」（常緑の多年草）は語源が同じであろうと述べている。

〈土筆〉の全国分布を見ると、東日本にはツクシやツクツクシが広く分布し、西日本にはホーシ、ホーシ（ノ）コ、ヒガンボーズなどが多い。ホーシは「法師」、ボーズは「坊主」であり、いずれも土筆の形状に由来する。ヒガンボーズは、土筆が春の彼岸の頃に生えることからの命名であろう。

近畿地方の大部分はツク、ツクツク、またはツクボーシ、ツクツクボーシである。

後者はツクシ類とホーシ類の複合形である。**ズク、ズクズクシ、ズクンボー、ズクズクボー**など語頭が濁音のものもあるが、これは「つくづくし」という古名と関係があろうか。秋田南部から山形県庄内地方にかけては、**ズックベ**が多い。東北北部には**スギナ、スイナ、シーナ**などが見られるが、この地域では「土筆」と「杉菜」を区別していない。香川でも両者を区別せずホーシ（ノ）コと呼んでいる地域が多い。

《杉菜》は、全国の大部分が**スギナ**であるが、南東北から北関東にかけては、**ツギナ、ツギナンボー、ツギグサ、ツギノコ、ツギ（ノ）メ**など、「ツギ〜」の語形が見られる。この「ツギ」は「継ぎ」に由来するものであろう。ほかに、近畿と新潟の一部にも、**ツギツギ**という語形が見られる。

杉菜にはいくつもの節があり、節の部分を切り離したり、もう一度もとに戻したりすることができる。子どもはこれを切ったり継いだりして遊んだらしい。宮崎に見られる**ドコ（ドコ）ツイダ**という呼称は、この遊びに由来するものであろう。このような文表現が物の名前になっているのは珍しい。

方言には、子どもの遊びから生まれたものも多いが、これは「すみれ」の花のつけねの曲が「すみれ」は全国各地でスモートリグサ、スモートリバナと呼ばれているが、これは「すみれ」

ったところを引っかけて引っ張り、どちらが勝つかを競う遊びに由来する。近畿や愛知の一部に見られるジロボタロボも、すみれの花の首をひっかけて遊ぶときに、一方を太郎、他方を次郎と呼んだことに由来するという。

九州各地・高知・兵庫・京都などには、**マツ（バ）グサ**が見られる。これはスギナの杉を松に言い替えたものであろう。このような言い替えは、「とさか」を意味するエボシをカブトと言い替えるなど、方言の世界には例が多い。九州南部には、土筆とスギナを区別せず、マツ（バ）グサと呼んでいる所もある。

琉球列島（奄美・沖縄）には、土筆にも杉菜にも名称がない。この植物が存在しないのであろう。ほかにも、本土に名称があって琉球列島にはない（おそらくその事物が自然には存在しない）ものに、「氷」「つらら」「しもやけ」「もぐら」「すみれ」「たんぽぽ」「どくだみ」などがある。

V

遊戯

おてだま（お手玉）──北海道のアヤ（コ）は「あやとり」と同じ発想から

子どもの遊びの名称は一般に「方言量」（方言形の種類）が多いが、「お手玉」もその一つである。

「お手玉」の名称で最も多いのは、西日本から静岡にかけての広い地域に見られるオジャミである。この名称の由来は不明であるが、あるいは各地に分布する擬音語（お手玉で遊ぶときの音）に由来する語形の一つかもしれない。以前、中国人の留学生から「オジャミを標準語として教えられた」という話を聞いたことがある。おそらくその日本語教師の出身地は西日本なのであろう。

共通語語形であるオテダマの分布地域はきわめて狭い。まとまって見られるのは、東京と岐阜のみである。むしろ多いのは、オテダマに隣接して分布するオタマ（岩手・秋田・長野ほか）である。オテダマは、オタマから生まれた可能性もある。

北海道は、全域がアヤ（コ）である。青森もアヤ（コ）であり、この語形は青森から「オジャミを標準語として教えられた」という話を聞いたことがある。北海道は共通語語形が広がっらの移住者が北海道に持ち込み、広がったものであろう。

ている場合が多いが、「お手玉」は例外で、共通語形のオテダマはほとんど見られな
い（同様の例として「凍る」を意味するシバレルがある）。

北海道に共通語形が多い理由は、全国各地からの移住者が多様な方言を持ち込んだ
ことによるコミュニケーションの障害を避けるためと考えられる。強盗に入られた家
の人が隣家ではなく、かなり離れた同郷の人の家に逃げ込んだという話もある。

アヤ（コ）の名称は、糸を交錯させて遊ぶ「あやとり」と同じ発想による命名で、
複数のお手玉を綾模様に交錯させて投げ上げる動作に基づくものであろう。お手玉を
アヤ（コ）と呼ぶ地方では、お手玉遊びのことをアヤ（コ）トリ、アヤ（コ）ツキ、
アヤオリなどと言っている。おそらく動作（遊び）の名称としてのアヤオリなどが先
に生まれ、玉の名称としてのアヤやアヤコは、その動詞部分を除いてできたものであ
ろう（アヤコの「コ」は東北地方に多い接尾辞である）。

滋賀は、全域が（オ）コンメである。この呼称については、お手玉の袋の中に米を
入れたことによる命名との説があるが、この地方ではお手玉遊びのことをコンメツキ
と呼んでいるから、むしろ米つきの動作と結びつくものかもしれない。

オヒトツ・オシト（茨城・栃木・大分ほか）、ヒーフー・ヘーホー（秋田北部・福島西
部ほか）、イチドリ（愛媛西端）、オイッコ・オイッチョ（奈良・島根ほか）、オサラ

（イ）（沖縄ほか西日本に点在）などは、この遊びをするときのかけ声や歌の文句に由来する。

ザック（新潟・富山ほか）、**シャコ**（佐賀）**ガエキ**（宮城北部・岩手南部）などは、お手玉で遊ぶときの音からくる擬音語であろう。山形県庄内地方の**ザクロ**は、ザックの変化形と考えられる。佐渡の**タンタン**も擬音語だろうか。似た語形として、愛媛西端に**テンチャン**がある。

全国各地に点在する**ナンゴ、ナンコ、ナナコ、イシナンゴ**などは、おはじきや小石などを握ってその数を当てさせる遊びの名称として各地で使われているから、それがお手玉の名称に転用されたものであろう。ナンコは、「何個（握った石は何個？）」である。『日葡辞書』（一六〇三〜〇四年）に、碁石を握ってその数を当てさせる遊びとして、ナンゴが載っている。鳥取西部から島根東部にかけて見られる**コブ（イシ）、コボイシ**も、握る動作と関係があるかもしれない。

ススレ（奄美ほか）、**チョロ（ク）ジョ**（鹿児島）、**イキシ**（山口）、**シメダマ**（能登）、**ツカツカ**（山形県置賜地方）、**ザンメーシ**（宮城）、**シッチョコ**（富山・石川）の語源は不明である。

たこ（凧）——ハタは古く、イカが新しい

「凧」を意味する方言は、イカ、イカノボリが近畿・北陸・新潟・中国東部に広く分布し、その両側の地域がタコである。すなわちタコが「周圏分布」をしており、タコがイカよりも古いと推定される。

タコのさらに外側の地域、東北北部と九州北部に、ハタ（コ）、コバタ、タコバタ、タカバタ、トバタというハタ類が分布する（ハタは三重にも見られる）。この分布から、ハタはタコよりもさらに古い名称であると推定される。すなわち、中央（奈良・京都）における「凧」の名称は、ハタ→タコ→イカと変化したことになる。

タコバタは、ハタとタコの複合形であり、タカバタは、「高く上がる」という意識によりタコバタが変化したものであろう。これは「民衆語源」と呼ばれる現象である。

しかし、タコ→タカの変化は、タコの ko がバタの ba の母音 a に引かれて ka になった、「音韻同化」と呼ばれる現象かもしれない。

佐賀・長崎には、ハタ（コ）のほかにトバタが見られるが、トバタは「トリ（鳥）

「ハタ」の変化であろうか。　沖縄の宮古島に見られる**カピトゥズ**は、「紙の鳥」の意味である。

共通語のハタは「旗」を意味するが、ハタは「ハタハタ」という擬態語に由来し、祭りなどのときに掲げる「幟」に由来する。

風に「はためく」ものが「旗」や「ハタ（凧）」である。イカノボリのノボリは、

江戸時代の全国方言辞典である『物類称呼』（一七七五年）には「紙鳶　イカノボリ」の見出しで、「畿内でイカと云。関東にてタコといふ。西国にてタツ又フウリウと云。唐津にてはタコと云。長崎にてハタと云。上野及信州にてタカといふ。越後にてイカ又イカゴといふ。伊勢にてハタと云。奥州にてテングバタと云。土州にてタコと云」とある（方言形については原典の平仮名を片仮名になおして示した。「西国」は九州、「土州」は高知県のこと）。

この『物類称呼』の記述は、『日本言語地図』の分布とかなり一致している。すなわち、明治・大正期における方言分布は江戸時代の分布状況と大差がないことになる。また、見出しが「いかのぼり」であることは、当時この語形が標準語と意識されていたことを示している。熊本に見られる**タツ**も、『物類称呼』の記述と一致している。

なお、『物類称呼』には、先の記述に続いて「上方ではイカヲノボス、江戸ではタ

コヲアゲル、東海道ではタコヲヲノボス、相州（神奈川）ではタコヲヲナガス」と言うとある。

凧をあげる動詞表現に地域差があるのはおもしろい。

広島・山口のヨーズ、長崎のヨーチュー、ヨーチョーは、「凧」を意味する中国語の「鷂子」に由来するとも言われている。

沖縄本島のマッタクー、西表島のピキダマは、語源不明である（マッタクーのタクーはタコの変化）。『沖縄語辞典』によれば、那覇では「こうもり（蝙蝠）」に似ているのでカーブヤー（蝙蝠）の意）とも言うそうである。

たけうま（竹馬）──「タケウマ」は今とはちがう遊びだった

共通語系のタケウマ、タケンマ（大部分はタケンマ）が近畿を中心とする地域と都区内・埼玉・栃木・群馬などに見られる。この分布は、タケンマが関西から江戸に飛び火的に伝播したことを示唆するものである。

タケンマよりも勢力をもつ語形は、タカアシとサギアシ、サンゲ（ー）シである。両語形とも近畿のタケンマの両側に「周圏分布」を見せている。もっとも、タカアシもサギアシも、「高足」「鷺足」という素朴な命名であるから、すべてが中央から伝播したものではなく、各地で独自に生まれた場合があることを考慮しなければならない（つまり、「方言周圏論」を適用してタケンマよりも古いと断定することは危険である）。

現在「竹馬」と呼ばれているものは、江戸後期から見られる新しい遊びであり、その意味でも、中央から離れて分布する語形が必ずしも古いとは言えない。以前の「竹馬」という遊びは、笹竹や竹竿を馬に見立ててまたがって遊ぶものであったという。また、「さぎあし」とは、もともとは田楽舞の道具の一種で、「さぎあし」と呼ばれる

一本の棒の上と中ほどに横木のあるものを指した。このような、現在の「竹馬」とは異なる遊びや道具が、（現在の）「竹馬」の名称に転用された可能性が大きい。

ユキアシ、ユキゲタは「雪」に由来するものかもしれないが、この呼称は雪の多い地方には分布せず、京都南部・和歌山・徳島・大分・長崎の五島列島など、雪の少ない地方に見られるから、命名の由来については検討が必要である。

タカ〜類にはタカンマ（宮城・岩手南部）、タカチョー（山形）、タガンボ（1）（四国東部）などがあり、サギアシの変化形にはサンゲンアシ（福岡ほか）などがある。

アシ（足）類には、アシ（コ）が青森西部に、アシダが岐阜の一部に、ガンドアシが秋田北部に見られる。沖縄は、全域がキアシである。これは「木足」であろうか。

そのほか、アルキが高知の一部に、ドッカが千葉北部・茨城南部に、ツカンマが徳島に、ガランチョが青森西部に、ムタビ、ニタバが奄美諸島に見られる。大部分は語源不明であるが、アルキはユキアシやユキゲタの「ユキ」との関係も考えられる。

かたあしとび（片足跳び）――「ケンケン」は西日本から伝播した表現

「片足跳び」とは、片足でピョンピョン跳ぶ子どもの遊びである。この遊びを表す標準語形・共通語形は何であろうか。『日本言語地図』は「片足跳び」を見出しに立ててあるが、『日本言語地図』で**カタアシトビ**の語形を回答した地点は、全国二四〇〇地点のうちの四〇地点にすぎない。

東京の若者にこの遊びの名称をたずねると、大部分が**ケンケン**と答える。しかし、『日本言語地図』では、都区内の大部分は**チンチン**、東京多摩（たま）地域の大部分は**シンコンコン**であり、東京でケンケンを回答した人は皆無である。

『日本都言語地図』では、ケンケンはおもに近畿・中国東部・四国北部に分布する。したがって、東京の若者が使うケンケンが、関西からもたらされたことばであることは明白である。

時代がやや下るが、『東京都言語地図』（東京都教育委員会編、一九八六年）を見ると、老年層の地図では、都区内はチンチンが五名、アシコンコンが四名、ケンケンが一名である。しかし、青年層の地図を見ると、多摩地域を含めて東京はケ

ンケン一色である。なお、『東京方言集』（斎藤秀一編、一九三五年）には、『方言採集手帖』（東条操著、郷土研究社、一九二八年）を引用し、「片足跳び」の幼児語としてチンチンモガモガが記載されている。

『日本言語地図』を見ると、チンチンの主要分布域は静岡西部（遠州）であり、この語形が都区内で用いられるようになった経緯はよく分からない。また、『日本言語地図』における北海道の分布は、内陸部の大部分がケンケンである。先にも述べたように、北海道に広く分布していることばの多くは共通語形であるが、一部に東北地方の方言形が優勢の場合があり（シバレル＝凍る、アヤ〔コ〕＝お手玉など）、また、ケンケンのように西日本系の語形が広く分布しているケースも見られる（ベニッケユビ・ベニサシユビ・ベニユビ＝薬指など）。

『日本言語地図』に見られる「片足跳び」の呼称はきわめて多様であるが、比較的勢力の大きい語形を北からあげると、ステテンコ（青森など）、ステテギ（岩手北部）、ビッコ（ナゲ）（宮城・山形・新潟北部・福島西部）、アシガキ（新潟西部）、アシケンケン・アシコンコン（福島東部・茨城・栃木）、チンガラ・チンギリ（長野・山梨・愛知・岐阜）、リンリン（山口西部）、スケンギョ（熊本・佐賀）、スケコン（宮崎）、ギーター（沖縄本島）などである。中部地方に広く分布するチンガラ、チンギリなどの「チン

～」の語形は、隣接する静岡に見られるチンチンと発生的に関係があろう。

茨城・埼玉などに見られる**アシコギ**は、「足でこぐ」という意味だろうか。「こぐ」は「舟をこぐ」「自転車をこぐ」のように、手や足を上下・左右に動かすことである。アシコギは『日葡辞書』（一六〇三～〇四年）にも載っており、昔は京都でも使われていたことが分かる。

なお、沖縄本島には、ギーターとカタアシトビが混在する。カタアシトビがまとまって分布するのは、全国で沖縄本島のみである。ギーターを方言と意識し、文章語であるカタアシトビを共通語形・標準語形と意識して言い替えたのであろう。沖縄には、ケンケンはまったく見られない。沖縄は関西方言の影響が小さいのであろうか。

沖縄にはギータームンドーという、片足跳びをしながら相手を倒す遊びがあるという。

えらび歌──どれにしようかな　（天の）神様の言うとおり

目の前に、どら焼きと饅頭があったとする。それを交互に指さしながら「どれにしようかな。神様の言うとおり」と唱え、指が止まった方のお菓子を選択する、そんな唱えごとをしたことはないだろうか。

筆者の子どもの頃の唱え詞は上記のとおりであり、それに続くことばはなかった。ところが筆者のゼミの学生であった石井聖乃は、友達が違うことばで唱えていることに気づき、これを「えらび歌」と名づけて全国調査を実施し、「えらび歌の地域差に関する調査研究」と題する卒業論文を執筆した。その一部を紹介しよう。

まず、冒頭の文句は、「神様の言うとおり」という地域と、「天の神様の言うとおり」という地域に大きく分かれる。前者は東日本寄りに、後者は西日本寄りに分布する。「（天の）神様」の部分は、ほかに「うらのかみさま」「てんじんさま」「ほとけさま」「じじばば」などがある。

若い世代では、「（天の）神様の言うとおり」のあとに続く詞に、非常に多くのバリ

エーションがある。以下に例をあげる。

▽なのなのむすびのかきのたね、はげあたま、あかとんぼ、しろとんぼ（北海道）

▽へのへのもへじのかきのたね、ぴーちくぱーちくすずめのこ、きくのはな（青森）

▽すっぽろぽんのすっぽんぽん、まよねーず、あぶらむし、にんじんくってまっかっか（新潟）

▽なのなのな、あべべのべ、てっぽううってばんばんばん、もひとつおまけにばんばんばん（東京）

▽ぶっとこいてぶっとこいてぶっぷっぷ、一・二・三・四・五・六・七・八・九・十、あっぽいぽい（滋賀）

▽ぎっこんばっこん、ひよこのおさんぽうれしいな、あかしろきいろ（鳥取）

▽げげげのきたろうがへをこいた、かきのたね、あいすくりーむ、けけけのけむし（島根）

▽かっかのかっかのかきのたね、ねんねのねんねのねずみとり、りんりのりんりのりんごとり（広島）

▽てっぽううってばんばんばん、にんじんたべたらよくわかる、ばばばのおみやげ

かみさま

(注)
※数字は都道府県ごとの分布率 (%)。
※●の大きさは回答者数の大小に比例する。
※複数回答があるため図11と図12の合計が
　100%を超える県がある。
※×はそのフレーズの回答がゼロの県。
※回答総数は3191。

石井聖乃作図。東京女子大学『言語文化研究』(第12号、2003年10月)より

てんのかみさま

石井聖乃作図。東京女子大学『言語文化研究』（第12号、2003年10月）より

ちょこれーと（愛媛）

▽けっけっけーのけむし、ごはんつぶ、かきのたね、らんどせる（宮崎）

▽きんこんかんこんめ、あぶらむし、けむし、げっかすいもくきんどにち（沖縄）

「鉄砲うってばんばんばん」「あべべのべ」「なのなのな」などの表現は、全国各地に見られる。以下は表現類型別の分布状況である（数字は回答者数）。

▽鉄砲うって類（一〇六三）＝関東中心に分布

▽かきのたね類（一〇三八）＝西日本を中心に分布

▽あぶらむし類（三四五）＝西日本を中心に分布

▽数字類（三一四）＝和歌山・福井・滋賀・長崎

▽なのなのな類（一六〇）＝北海道・神奈川・東京・千葉

▽あべべのべ類（一三九）＝関東中心に分布

▽豆類（一三二）＝福島・静岡・宮城・新潟（「赤豆」「白豆」「茶色豆」など）

▽ごはんつぶ類（一二二）＝宮崎・熊本・福岡

▽けけけのけ類（一〇五）＝宮崎・福岡・大分（「けけけのけむし」など）

▽とんぼ類（九九）＝青森・岩手・千葉（「赤とんぼ」「白とんぼ」「塩辛とんぼ」など）

▽箱類（八〇）＝長野・茨城・埼玉（「玉手箱」「宝箱」「救急箱」など）

▽ろうそく類（七五）＝佐賀・栃木（「ろうそく一本たてた」など）

▽ぎっこんばったん類（六七）＝静岡・鳥取・島根

▽きたろう類（五九）＝島根・大分・山口・福岡

▽まわって類（四五）＝富山・徳島（「うらからまわって三番め」など）

▽花類（四四）＝青森・岩手・岐阜（「みかんの花」「ばらの花」など）

▽曜日類（二四）＝沖縄・宮崎・愛媛・神奈川・群馬

▽みかん類（一五）＝神奈川・長野・和歌山（「みかんのかわ」「みかんのたね」など）

▽汽車類（一三）＝秋田・石川・福井・滋賀・愛知（「おまけのおまけのきしゃぽっぽ」など）

　以上のように、ある程度の地域性が認められるものの、飛び地も存在する。「（天の）神様の言うとおり」のあとに続く表現は高年層には認められないから、伝統的方言の分布とは異なり、この表現は近年に生まれ、短期間のうちに全国に広がったものと考えられる。

VI

文法的特徴

「雨が降っているから」（接続助詞）

　原因・理由をあらわす接続助詞の「から」には、きれいな地域差が認められる。共通語の**カラ**は、おもに関東地方で使われ、東北地方南部や西日本の一部にも見られる。

　東北地方北部では、青森県津軽地方を中心に、**ハンデ**、**ハンテ**が使われている。

　「雨ァ降ッテラハンデ傘コモテ行ゲ（雨が降っているから傘を持って行け）」（青森）

　近畿地方から北陸地方にかけては、**サカイ**が使われている。

　「雨降ットルサカイ、行クノンヤメヨシ」（京都）

　この「サカイ」は、中世末期に関西で生まれた表現と考えられ、「さかい」のほか、「さかいに」「さかいで」などの形で、江戸時代に上方（関西）で盛んに用いられていたことがさまざまな文献からうかがえる。

　「さかい」は名詞の「境」に由来するという説が江戸の民衆の間に広がっており、銭湯における町人の会話を題材にした式亭三馬の『浮世風呂』（一八〇九〜一三年）に次のような記述が見られる。

「そしてまた上方のさかいとはなんだへ」

「さかいとはナ、物の境目じゃ。ハ、物の限る所が境じゃによって、さうじゃさかいに、かうしたかいとかいわないよ」と云のじゃはいな」

この語源説は民衆の俗説のようにも見える。しかし、名詞が助詞の用法に変化する例はほかにもあり、ただちには否定できない。たとえば、東北地方には「鳥トコつかまえる」「饅頭トコ食う」のように、助詞の「を」に当たる「トコ」の用法が見られる。この「トコ」は、「事（こと）」の変化で、つまり「鳥（のこと）をつかまえる」「饅頭（のこと）を食べる」という意味である。共通語にも「君のことが好きだ」という用法がある。

「雨が降っているから」の「から」も、「血筋」「素性」「品格」という意味の名詞「柄」に由来すると考えられている（「国柄」「山柄」「家柄」「やから（輩）」「はらから」）。

サカイは、新潟などではスケに変化している。

「雨ガ降ッテルスケ、行グナイヤー」（新潟県出雲崎）

さらに山形県庄内地方では、「雨降ッタサゲ、（ハゲ）行グナヤメレ」（雨が降っているから、行くのはやめろ）のように、「サゲ」「ハゲ」に変化している。この「スケ」「サゲ」「ハゲ」は、江戸時代に北前船が東北地方の日本海側の地域に運んだ関西弁の

変化形であり、ほかにも例が多い。

近畿南部では、「雨降ッテルヨッテ（二）」のように、**ヨッテ、ヨッテニ**も使われている。これは、「よりて（依りて）」が変化した語で、かつては関西全域で使われていた可能性があるが、その後生まれたサカイに押されて使用地域が狭くなったと考えられる。

名古屋を中心とする中部地方全域と鹿児島では、**デ**が使われている。

「雨ガフットルデ」（名古屋）、「雨ガ降ッチョッデ」（鹿児島）

このデは「ので」→「んで」→「で」と変化したものであろう。

静岡は、東部（駿河）がカラ、西部（遠州）がデであり、**ンテ**もわずかに見られる。ンテは「にて」の変化と考えられ、東京都八丈島や秋田でも使われている。

「雨が降ってアロンテ、行コワヤメロ」（雨が降っているから行くのはやめろ・八丈島）

富山県砺波地方では、サカイ・カラ・デが複合して、**サカライデ**とも言っている。

柳田國男も指摘しているが、北陸地方には西日本で生まれたさまざまな方言が集まり、富山と新潟の境にある交通の難所といわれた「親不知」を越えることができず、「方言の吹きだまり」と言われている。

Col1: 長野を中心とする地域では、ニを使う所も多い。『日本方言大辞典』（小学館）には

Col2: 次のような例が見られる。

Col3: 「デッケエナギ（崖）ダニ登レズケェ」（長野県北安曇郡）

Col4: 「タケァーニ（高いから）マケテモライテァ」（静岡県富士郡）

Col5: また、カラとニが複合したカラニが、西日本各地で使われている。

Col6: 「アノ淵ハアブナイカラニ、行クナヨ」（山口県）

Col7: 「俺達ゃ町には住めないからに」という「雪山讃歌」の歌詞がよく知られているが、

Col8: この歌は、京都府出身で京都大学山岳部の西堀榮三郎（のちに第一次南極観測越冬隊

Col9: 長）が、群馬県嬬恋村に合宿していたときに作詞したものである。

Col10: 宮崎東部ではカリと言っているが、これはカラニの変化と考えられる（karani →

Col11: karai → kari）。

Col12: カラニとカリの中間形と考えられるカライも存在する。

Col13: 「出ケンジャッタカライ（できなかったから）」（鹿児島県種子島）

Col14: 中国地方の大部分は、ケーである。「ジャケー広島」という広島弁を象徴する表現

Col15: があるが、これは広島の人が「だから」という接続詞の「ジャケー」を多用するから

Col16: である。

長野を中心とする地域では、ニを使う所も多い。『日本方言大辞典』（小学館）には次のような例が見られる。

「デッケエナギ（崖）ダニ登レズケェ」（長野県北安曇郡）

「タケァーニ（高いから）マケテモライテァ」（静岡県富士郡）

また、カラとニが複合した**カラニ**が、西日本各地で使われている。

「アノ淵ハアブナイカラニ、行クナヨ」（山口県）

「俺達ゃ町には住めないからに」という「雪山讃歌」の歌詞がよく知られているが、この歌は、京都府出身で京都大学山岳部の西堀榮三郎（のちに第一次南極観測越冬隊長）が、群馬県嬬恋村に合宿していたときに作詞したものである。

宮崎東部では**カリ**と言っているが、これはカラニの変化と考えられる（karani → karai → kari）。

カラニとカリの中間形と考えられる**カライ**も存在する。

「出ケンジャッタカライ（できなかったから）」（鹿児島県種子島）

中国地方の大部分は、**ケー**である。「ジャケー広島」という広島弁を象徴する表現があるが、これは広島の人が「だから」という接続詞の「ジャケー」を多用するからである。

西日本各地には、**ケン**、**カイ**、**カイニ**、**キニ**などの形も見られる。

「雨ガ降ッチョーケン（雨が降っているから）」（島根県松江市）

「アノミカン酸イカイホロー（あのミカンは酸っぱいから捨てよう）」（京都府葛野郡）

「ソヤカイニ、アカンユートッタナイカ」（富山県砺波）

「雨ガ降リューキニ（雨が降っているから）」（高知市）

これらの大部分は、「カラニ」の変化形ではないだろうか。（karani → kaani → kaai → kai → kee → ken）など。

沖縄本島は**クトゥ**（kutu）または**トゥ**（tu）である。

「アミヌフトークトゥ、イチュシェーヤミリ（雨が降っているから行くのはやめろ）」（沖縄県那覇市）。

「今日はいい天気だ」（断定辞）

断定辞は、ダ、ジャ、ヤの三地域に大きく分かれる。

「ダ」は、東日本全域と島根・鳥取に分かれて分布する。「ジャ」は、岐阜、近畿南部、中国・四国・九州に分かれて分布する。「ヤ」は、近畿を中心に広がっている。

この三つの形式は、すべて「である」の変化形である。

「ダ」は「である」の「る」が脱落して「であ」(dea) になり、さらに母音の ［e］が脱落して「だ」(da) になったものである。「であ」の形は室町時代の狂言などに見られる。

「ジャ」は、dea → dya → zya のように、母音の融合によって生じた語形である。歴史的仮名遣いは「ぢゃ」であり、高知方言など「じ」と「ぢ」を区別して発音しているっ地方では、[zya] ではなく [dya] と発音している。

「ヤ」は、「ソウヤロ」「ソヤナイカ」のように関西弁の代表として現在でも盛んに使われているが、これは「ジャ」(zya) の摩擦が次第に弱まって生じた（濁音がとれ

"いい天気だ" の 「だ」

凡例：
△ —ダ
◨ —ジャ
◖ —ヤ
◡ —ヤン
◗ —バイ、—タイ
— なし

高田誠作図。徳川宗賢、W.A.グロータース編『方言地理学図集』（秋山書店）より

た）もので、江戸時代中期に関西の女性を中心に広がったと言われている。

筆者が「ジャ」と「ヤ」が接触する地域で経験した事実であるが、話し手本人（方言話者）は「ジャ」と発音しているつもりでも、聞き手（調査者）には「ヤ」としか聞こえないということがある。これは言語変化の過程でしばしば見られる現象である。

「先生がいらした」という敬語形式は、明治・大正時代には「いらした」または「いらっした」という促音形であった。夏目漱石の小説などに見られる会話文では、この促音形が普通である。おそらく「いらっした」「いらっしゃった」 → 「いらした」（いらっした） → 「いらした」という変化で生じたものが「いらした」に変化する過渡期では、本人の発話意識と聞き手の理解（聞こえ）の間にずれが生じた時期があったであろう。「いらした」は、「いらせられた」 → 「いらっしゃった」 → 「いらした」という変化で生じたものである。

「ダ」は、東日本全域と島根・鳥取に分かれて分布する。これは二つの地域で「であ」 → 「だ」の変化が個別に起きたものと、一般には考えられている。しかし、いわゆる「ズーズー弁」も東北地方と島根県出雲地方（鳥取西部を含む）に分かれており、両者（断定辞とズーズー弁の分布）にはなんらかの関係があるのかもしれない。仮説の一つは、この二つの地域はかつては連続していたが、関西から進出した「じゃ」

「や」によって分断されたという考え方である（ズーズー弁の分布は、松本清張著『砂の器』でも取り上げられている）。

西日本では、関西弁がその周囲に勢力を広げつつある。九州は本来、「ジャ」が優勢な地域であるが、その後、「ヤ」の使用が増えつつあることが『九州方言の基礎的研究』（九州方言学会編、風間書房、一九六九年）などにうかがえる。

「ミカンを皮ごと食べた」（接尾辞）

「皮ごと」「皮のまま」の「ごと」「まま」に当たる方言は非常に多い。

共通語の皮ゴトという表現は、神奈川・東京・埼玉・群馬など、関東地方の一部でしか使われていない。

東北地方には、皮ムンツケ、皮ムズラ、皮マズラが多い。

「マズラ」は、江戸時代の文献に現れる「～と一緒に」という意味の「まじくら」の変化と考えられている。たとえば浄瑠璃に、「あくびまじくらに立ち出づる」（あくびと一緒に・あくびをしながら出発する）という用例がある。

茨城には、皮グチラが多い。これも、「まじくら」と関係があるかもしれない。

石川や福井の越前地方には、皮モテラが多い。これも東北地方のマズラと関係がありそうだ。

山形は、全域が皮ガラミである。共通語にも、「山賊に身ぐるみ奪われた」「会社ぐるみ（会社全体で）協

岐阜は皮グルミであるが、グルミとガラミは同系の語である。

力する」のような用法がある。「身ぐるみ」は、「身をくるんでいる物を全部」という意味であるから、「ぐるみ」は「くるむ」という動詞と関係がある。

静岡・長野・愛知（特に静岡）には、サラが多い。**皮サラ**のほか、「靴サラ（靴のまま）家にあがる」のような用法もある。

近畿地方は、**皮ゴシ、皮グチ**が大部分である。このグチは、茨城の**グチラ**と同じ系統と考えられる。ゴシは関西のほか、高知でも使われている。

京都は、**皮ナリ**が多い。このナリは共通語の「戦争から帰って来た息子の顔を見るナリ、泣きくずれた」の「ナリ」と語源が同じであろう。「顔をみるなり」とは、「顔を見た瞬間、そのままの状態で」という意味である。

中国地方にはいろいろな言い方があるが、最も多いのは**ゴメ、ゴミ**である。この言い方は九州の一部にもある。「そげな事はちっとも知らずゴメでいた（知らないままでいた）」（島根県出雲地方）のような用法もある。ゴメ、ゴミの変化系、**ゴン**も見られる。

「箱ゴン（箱のまま）でもらっていくぞ」（島根県隠岐島）

九州地方はいろいろな言い方が錯綜している。

佐賀・長崎・熊本には**ナガラ、ナガリ**が比較的多い。

（隠岐島のルビ：おきのしま）
（錯綜のルビ：さくそう）

「入れもんナガラもろーてよかろーかなた（入れ物ごともらってよろしいですか）」（佐賀）

この用例の文末に見られる「なた」は、「あなた」が変化したもので、終助詞のはたらきをしている。

鹿児島には、**トメ、トミ**が多い。トメは、「とも（共）」の変化であろう。「皮トメ食べる」とは、「皮と共に食べる」という意味である。

「の」と「が」の使い分け

東北地方などでは、主語をあらわす「が」は話しことばの中では使わないのが普通である。たとえば、「雨が降ってきた」ではなく、「雨降ってきた」と言う。

古代の日本語では、助詞の「が」は、「君がため春の野に出でて若菜摘む、わが衣手に雪は降りつつ」(古今和歌集)のように連体格(共通語の「の」)であるのが普通であり、主語をあらわす「が」は発達していなかった。たとえば、『伊勢物語』の冒頭は、「むかし男ありけり」であり、「男が」にはなっていない。主語に「が」を付けない東北地方の用法は、このような古い日本語の姿を反映しているとも考えられる。

ところで、九州の佐賀・長崎・熊本などでは、「雨の　(雨ん)　降ってきた」「バスの(バスん)　来た」のように主格に「の」(または「ん」)を使う。

さらに、九州には、主語が尊敬すべき人であるかどうかによって「の」と「が」を使い分ける地域が佐賀・長崎・熊本・鹿児島の一部にある。その地域では、主語が尊敬すべき人の場合には「の」を、主語が尊敬すべきでない

人の場合には「が」を使う。たとえば、「先生の来た」「泥棒が来た」のように。所有（持ち物）をあらわす場合も同様に、「先生の手ぬぐい」「泥棒が手ぬぐい」のように使い分ける。このような「の」と「が」の使い分けは、島根県出雲地方にも見られる。

尊敬する人物かどうかによる「の」と「が」の使い分けは、平安時代の京都にも存在した。『今昔物語集』や『宇治拾遺物語』（一三世紀前半頃）には次のような話が載っている。

「さた（佐多）」という名前の侍が、自分の破れた衣を女性に縫わせようとして、その衣を女性に向かって「これを縫え」と言って投げたところ、女性は衣を縫わずに和歌を返してよこした。その歌に、「われが身は竹の林にあらねども、さたがころもを脱ぎかけるかな」（私の身は竹の林ではないのに、佐多は着物を脱ぎ掛けるのね）とあったので、侍は「なぜ〈さたの衣〉と言わないで〈さたが衣〉と自分をばかにするのか」と腹を立てたという。

「の」と「が」の尊卑による使い分けは、少なくとも江戸時代初期までは京都にもあったようで、ポルトガルの宣教師であるロドリゲスが当時の中央語（京都語）を記述した『日本大文典』（一六〇四〜〇八年）にも見られる。

「能力可能」と「状況可能」

共通語では、「私は一〇〇メートルは泳ゲル」「このくらいの波ならば泳ゲル」のように、泳ぐ能力がある場合でも、周囲の状況によって泳ぐことが可能だという場合でも、区別をせずに「泳ゲル」と表現する。否定の場合でも同様に、「私はまったく泳ゲナイ」「今日は波が荒いから泳ゲナイ」のように、「能力可能」と「状況可能」を区別しない。

しかし、方言によっては両者を区別する地域がある。

たとえば岩手など東北地方北部では、「一〇〇メートル泳グニェー（泳グニェエー）」（状況可能）のように区別する地域が多い。ただし否定の場合には、「私は泳ガレネ」「波が荒いから泳ガレネ」のように区別しない。

近畿地方などでは、能力可能は「ヨー泳グ」（肯定）・「ヨー泳ガン」（否定）、状況可能は「泳ガレル」「泳ガレン」のように、肯定・否定とも区別する地域が多い。

九州北東部（福岡・大分など）では、能力可能は「泳ギキル」（肯定）・「泳ギキラン」（否定）、状況可能は「泳ガルル」（肯定）・「泳ガレン」（否定）のように、肯定・否定とも区別がある。

九州北西部（佐賀・長崎付近）でも肯定・否定とも区別があり、能力可能は「泳ギユル」（肯定）・「泳ギエン」（否定）、状況可能は九州北東部と同じで、「泳ガルル」（肯定）・「泳ガレン」（否定）である。なお、「泳ギュル」「泳ギエン」の「ユル」「エン」は「得る」に由来する形式である。

山形市など山形県内陸部では、能力・状況の区別なく、「泳ぐことができる」は「泳グイ（泳グエ）」であるが、これは「泳グニィー（泳グニェー）」の変化形である。

鶴岡市など山形県庄内地方では、能力・状況の区別なく、能力可能を「泳ゲル」、状況可能を「泳ガエル（〈泳ガレル〉の変化形）」と言う人が多いが、能力可能を「泳ガエル」と区別する人も少なからず存在する。この地域は本来は能力・状況とも区別なく「泳ガエル」など「〜える」形であったが、共通語の可能動詞「泳ゲル」「読メル」などが侵入した結果、両者を区別するようになったのかもしれない。

進行態と完了態

　共通語では、花が散りつつあるとき（まだ空中に浮かんでいるとき）も、散り終わって地面に落ちているときも、「花が**散ッテイル（散ッテル）**」と表現する。

　しかし、西日本各地（中国・四国・九州の大部分など）では、両者を明確に区別し、「散りつつあるとき」は「**散リヨル**」で、散り終わっているときは「**散ットル（散ッチョル）**」のように区別する。

　同様に、金魚が死につつあるとき（死にそうになっているとき）は「**死ニヨル**」で、死んで浮かんでいるときには「**死ンドル（死ンジョル）**」と言う。

　「**（ろうそくの火が）消エトル（消エチョル）**」と言えば火はまだ消えておらず、消えそうになっている状態である。「**消エトル（消エチョル）**」と言えば消えてしまっている。

　西日本では、花が空中に浮かんでいるときだけではなく、まだ枝に付いていて、今にも散りそうになっているときも「**散リヨル**」と言う場合がある。崖から子どもが落ちそうになっている場合は、「あぶない！　**落チヨルゾ！**」と注意する。

このように、西日本の「〜ヨル」は、「〜しつつある」という状態と、「〜しそうになっている」という状態をあらわす。文法用語では、前者を「進行態または継続態（進行相・継続相）」といい、後者を「将然態（将然相）」と呼ぶ。「〜トル」は、動作が完了したことをあらわし、「完了態または結果態（完了相・結果相）」と呼ぶ。

「ヨル」と「トル」の区別がある地域では、「運動会をしている」ことを「運動会が有リヨル」と表現する場合が多い。

なお、近畿・北陸地方の大部分では、花が散りつつあるときも、散って地面に落ちているときも、「散ットル」と言う。両者を区別しない点は共通語と同じである。関西では、「〜ヨル」は軽蔑（けいべつ）のニュアンスで使われることが多い。「あいつはいつでも酒を飲ミヨル」のように。

「私は毎日歯を磨いている」のように習慣をあらわす場合は、中国・四国・九州では「磨キヨル」が多いが、「磨イトル」と言うこともある。　青森では「毎日歯を磨イデラ」と言う。

山形の大部分では、過去形は共通語と同じ「〜タ（ダ）」であり、進行態は「〜ッダ」「〜デタ」「〜デル」のいずれかが使われる。「きのう海で泳イダ」に対し、目の前で泳いでいるときには「あそこで人が泳イッダ・泳イデダ・泳イデル」のように言

う。「きのう泳いでいた」のような過去進行態は、「**泳イッダッケ**」のように回想の「ケ」を付けることが多い。

しかし、「売る」「飲む」などのように過去形が促音形や撥音形になる動詞では、「きのう酒**飲ンダ**（酒を飲んだ）」とか、（電話で）「今なにシッタ？（今何をしているか？）」と聞かれて「酒**飲ンダ**（酒を飲んでいる）」のように、過去形と進行態の区別がなくなることもある。

「売る」の場合は、「去年、家**売ッタ**」「あの店でタバコ**売ッタ**（売っている）」「昔はあの店でタバコ**売ッタッケ**（売っていた）」のようになる。

「ラ抜きことば」と「レ足すことば」

ラ抜きことばとは、従来の「見られる」「出られる」「来られる」（一段活用とカ行変格活用の動詞の可能形）という言い方から「ら」を抜いて、「見れる」「出れる」「来れる」という表現になる現象である。この表現は、今のところ標準語とは認められていない。

朝日新聞の短歌欄に、「音声のら抜き言葉がテロップで修整されて日本語となる」（篠原克彦）という歌が掲載されたことがある。NHKのテレビでは、出演者が「見れる」のようなラ抜きことばでしゃべっても、テロップでは「見られる」と修整されることを歌に詠んでいるのである。これは、現実の話しことば（共通語）と規範としての標準語とのずれを、たくみに指摘したものである。

確かにNHKも国語審議会（現・文化審議会国語分科会）も、今のところ「ラ抜きことば」を標準語とは認めていない。アナウンサーが放送で「見れる」などと言ったら、非難されることは必至である。しかし、現在では「見れる」「来れる」のようなラ抜

きことばは、高年層を含めて全国のかなりの人が使っているのではないだろうか。

「共通語」とは、全国で広く使われている話しことばである。「標準語」とは、書きことばとして規範とされている言語形式である。ある程度の教養がある人なら、会話の中では「見れる」と言ったとしても、レポートや論文などでは「見られる」と書くだろう。

東京におけるラ抜きことばの発生は、かなり古い。中村通夫の論文によれば、一般には戦後急に東京に広まったと考えられているが、中村氏がこの現象に気づいたのは昭和三（一九二八）年であるという。また、当時、ラ抜きことばは、若い教養層の間で広く使われていたという。

五段活用（四段活用）動詞の可能形は、「読める」「歌える」などが標準語形である。ラ抜きことばは、ラ行五段活用動詞の「走る」「止まる」などの可能形である「走れる」「止まれる」の「〜レル」形に引かれて発生したと考えられている。〈走る：見る→走れる：見れる〉という図式である。このような言語変化は「類推」と呼ばれる。

──── **類推** 勢力の大きい語形（群）に引かれて語形が変化する現象のこと。北海道や東北地方の日本海側では「起きる」「見る」の命令形が「起きれ」「見れ」で

あるが、これはラ行五段（四段）活用動詞の命令形「走れ」などに引かれて生まれたものと考えられる。北関東では「来る」を「きない・きる」のように活用するが、これは上一段活用の動詞の否定形（「見ない」「起きない」など）に引かれたものである。

可能表現に限定して使われるラ抜きことばは、受け身形や尊敬形と区別できるという利点がある。「明日八時に来れますか」と言えば「来ることができますか」の意味であることは明白であるが、「八時に来られますか」では「尊敬」か「可能」かの判断がつかない。社長の運転しているクルマに同乗していた秘書が、「あの駐車場に止められますか」と尋ねたところ、社長が「おれの腕を疑うのか」と怒ったという話がある。秘書は「お止めになりますか」と尋ねたつもりなのに、社長は「止めることができるか」と言われたと思ったのである。

ラ抜きことばの使用状況には、明瞭な地域差と年齢差が認められる。国立国語研究所が一九七四～七五年に東京で六五七人、大阪で三四九人を対象にした調査によれば、「見れる」「起きれる」の使用率は図のようになっている。

すなわち、東京でも大阪でも若い世代ほどラ抜きことばの使用率が高く、両地域と

「見レル」「起キレル」の使用率（東京）
（年齢層別）

「見レル」「起キレル」の使用率（大阪）
（年齢層別）

佐藤亮一作図。国立国語研究所編『大都市の言語生活』（三省堂）より

も「見れる」は「起きれる」よりも使用率が高い。また、「見れる」「起きれる」とも東京より大阪で使用率が高い。ただし、高年層の「見れる」「起きれる」「着れる」の使用率は非常に低い。国立国語研究所が一九二五（大正一四）年以前に生まれた人を対象に調査した『方言文法全国地図』を見ても、東京都（多摩地域を含む）で「着れる」「起きれる」を回答した人は皆無である。したがって、東京におけるラ抜きことばの発生は昭和期以前であるとしても、急速な広がりを見せるのは戦後、とくに一九七〇年代以降ということになるのではないだろうか。

最近では、若者を中心に可能動詞「読める」「歌える」などにさらに「レ」を加えた「読めれる」「歌えれる」のような形式が広がりつつあり、研究者はこれを「レ足すことば」と呼んでいる。『方言文法全国地図』の「読むことができる」の状況可能の地図（電灯が明るいので本を読むことができる）を見ると、高知県全域と長野県南部に「読めれる」という「レ足すことば」が広がっている。高知県と長野県のこの分布は、伝播によるものではなく、「見れる」などへの類推により、それぞれの地域で生まれたものであろう。高年層にさえこのような「レ足すことば」が発生しているのであるから、若者の間の「読めれる」「歌えれる」のような「レ足すことば」は、今後ますます勢力を増すのではないだろうか。

Ⅶ　方言の現在

方言衰退の意識

現在では、日本人の大部分が、老いも若きも方言はなくなりつつあると感じている のではないだろうか。昭和三〇年代、筆者の学生時代には、方言調査のインフォーマ ント（方言を教えてくれる人）から「こんなことばを何のために調査するのか」とい う質問を受けることが多かった。今では調査に行くと、お年寄りたちが方言がなくな りつつあることを嘆き、「自分たちのことばをぜひ後世に残してほしい」と言いなが ら、すすん調査に応じてくれる。

大分県豊後高田市で一九八三年から開催されている「大分方言まるだし弁論大会」 や、山形県三川町で一九八七年から一七年間続いた「全国方言大会」、一九九三年に 岩手県大船渡市で開かれた「全国お国言葉大会」など、方言イベントの隆盛も、その 背景には、方言衰退の意識と、それに対する危機感があると思われる。

共通語化することば

確かに、一旅行者として全国を旅するとき、よそものにはチンプンカンプンのこと
ばを耳にすることはほとんどなくなった。聞こえてくるのは、多少なまりの入った共
通語、すなわち「地方共通語」ばかりである。三〇年ほど前には、沖縄でお年寄りに
共通語が通じず、地元の人に通訳してもらったことがあるが、今ではどこの地方のお
年寄りとも共通語で会話を交わすことができる。若い人は（よそものに対しては）、ア
クセントを含めてほとんど完全な共通語（東京地方のことば）で話してくれる。首都
圏に生まれ育った人の中には、「今でも日本に方言があるんですか」などと不見識な
ことを言う人がいるが、それも無理からぬことである。

地方共通語　地域共通語ともいう。地方の人（または地方出身の人）が話す方
言的特徴が混ざった共通語のこと。現代日本人の多くは（東京出身の人を除い
て）、あらたまった場面やよその地方の人と話すときには、地方共通語を用いて
いる。全国に通用する言語を「全国共通語」と呼ぶこともあるが、その実態は
地方共通語と同じであるとも言える。ただし、方言的特徴が混在しない東京方
言（東京弁）のみを共通語（全国共通語）と呼ぶ立場（NHKなど）もある。

国立国語研究所編『日本言語地図』は、昭和三〇年代に一九〇三（明治三六）年以前に生まれた人を対象に調査した方言地図であるが、最近では、この地図を採集地で生まれた高年層の方々に見せると、「こんな方言は聞いたことがない」と言われることも少なくない。

一九四八（昭和二三）年に設置された国立国語研究所は、『八丈島の言語調査』（一九五〇年）以降、地域言語の共通語化に関する調査報告を数多く発表しているが、そこに示されているデータは、項目による遅速の差こそあれ、方言の共通語化を示すもの、すなわち方言の衰退を思わせるものが多い。

方言と共通語 —— 使い分けの時代

方言の共通語化がかぎりなく進行していけば、それは方言の消滅、すなわち、日本語の地域差の消滅を意味することになる。もちろん、実際にはそのような事態は起きないであろう。

まず、言えることは、共通語化が進んでいると思われる現在でも、各地に住む若い世代は依然として方言で会話しているという現実である。

筆者は山形県内陸部の山形市の出身であるが、同じ山形県である庄内地方（鶴岡市・酒田市・三川町など）の人たちどうしが話している会話は、若者の会話であっても七〇％は理解できない。国立国語研究所が二〇〇四年に三川町で女子高校生の会話を撮影したビデオ「方言の旅」が教育用に発売されているが、その会話に至っては何度聞いても九〇％は理解できない。その会話が文字化されているので、参考までにその一部を記そう。

A「なあ、このめーやー〔この前ね〕、あれ、あっこの〔あそこの〕何だっけなー、あ、クレープ食いさ〔食べに〕行ったなやの〔行ったんだよね〕。での〔それでね〕みんな、家族で行って……」

B「あー、なんか、かったそうだの〔堅苦しそうだね〕。いっぱいの〔いっぱいの〕

A「での、妹は、なんかやー、一緒に行くなが〔行くのが〕やんだっとか言うなや〔嫌だとか言うんだよ〕。なんか、おっとーがやー〔お父さんがね〕、あれだろ。おっとーと一緒にいんなが〔いるのが〕やんだばげ〔嫌だから〕だろ。

しかし、この女子高校生がビデオの中でよそ者の旅行者（女子大生）と話している

場面では、完全な共通語である。若い世代ばかりではなく、近年は老いも若きも方言と共通語を無意識に使い分けて生活しているのである。

生き残る方言語彙

先の会話を見ると、「の」「はげ」「や」「さ」のような方言助詞が多用されている。日常生活で多用される文法的特徴は、単語（俚言(りげん)）や音声よりも衰退しにくいのである。

しかし、俚言（方言語彙(ごい)）の中にも日常生活で依然として多用されている語も少なくない。

筆者は二〇一二年九月に、山形県鶴岡市で高年層三十数名、中年層十数名を対象に方言語彙・文法・アクセントを調査した。その結果、語彙の場合、ショース（恥ずかしい）、ウダル（捨てる）、ゴシャグ（叱る）、タガグ（持つ）、ボッコス（こわす）、イダマシ（もったいない）、ミジョゲネ（かわいそうだ）、コチョバデ（くすぐったい）、ウルガス（水にひたす）、ジョサネ（簡単だ）、チョス（いじる）、マガス（水をぶちまける）、クワル（つまる）、ダダコグ（だだをこねる）、ゾッパル（自分の主張を言い張る）、イシェコグ（いい気になる）、カラガグ（しばる）ほか、多数の方言語彙（俚言）につ

いて、高年層、中年層の大部分が「今も使う」「昔は使った」と回答した。

語彙の場合、日常生活で多用される動作や感情・感覚をあらわす語は残りやすい。

この分野の語彙には、共通語に置き換えることが困難な微妙なニュアンスをもつもの
が多いからである。これに対して、「かまきり」「おたまじゃくし」「かたつむり」な
どの小動物、「つくし」「すみれ」「たんぽぽ」などの草花、「お手玉」「竹馬」「鬼ごっ
こ」などの遊戯名のように、昔の子どもが親しんだ事物の方言は衰退が著しい。今の
子どもたちはパソコンゲームなどで遊ぶことが多く、自然に親しむ機会が減ったから
であろう。

各地で生まれる新方言

伝統的な方言語彙が衰退する一方、若者の間に新方言（新しい方言）が全国各地で
生まれている。

「新方言」とは、国立国語研究所が新潟県糸魚川市早川谷で一九六九年に行った調査
で発見した事象に名づけた用語である。早川谷で「ものもらい（麦粒腫）」は、中高
年層はメボイト（この語形は全国各地で使われている）であるが、川の下流で若者の間
にメボイタという新形が生まれ、この語形が川の上流に広がる様相を見せていた。メ

ボイトの「ホイト」は「乞食」を意味する方言で、共通語の「モノモライ」と同様に、人から物をもらうとこの眼病が痛いという意識で生まれた「民衆語源」による語形と考えられる。メボイタはこの眼病が痛いという意識で生まれた「民衆語源」による語形と考えられる。メボイ

「肩車」では、**カッカラカツ**地域と**カッテンドンドン**地域の中間地域の若い世代に**カ**ッカリドンチャン**という「混交形」が生まれていた。

その後、全国各地で新方言の調査研究が進み、たとえば、**シタッケ**（さようなら、北海道）、「**おはよう靴下**」（指先に穴のあいた靴下・東北南部）、「このケーキは**イキナリ**おいしい」（非常においしい、仙台）、**ウザイ・ウザッタイ**（気持ちが悪い・いやだ、東京）、**ヨコハイリ**（割り込み、神奈川）、**ケッタ**（自転車、愛知）**シンケン**暑い・**シンケ**ン走った（すごく暑い・必死に走った、大分）などの例が報告されている。

北海道のシタッケは共通語の「じゃあね」に当たる表現だが、東北方言では「学校に行った。シタッケ休講だった」のように、「そしたら」の意味で使われていることばである。ウザイ・ウザッタイは、神奈川から東京の八王子にかけて「気味が悪い」の意味で高年層に使われている方言が、意味をずらして東京の若者に使われるようになったものである。東京の若者が使う**牛ミタクナル**（牛のようになる）、**チガカッタ**（違っていた）は、北関東の方言であると言われている。共通語の「ご飯をヨソウ」を、

東京の若者の多くは**ヨソル**と言うが、これは東北地方・北関東のモルと、共通語のヨ
ソウの「混交形」であろう。ちなみに「ご飯を茶碗に入れる」ことを東北地方の一部
では**ワケル**、西日本の一部では**ツグ**と言う。

高知の若者は、東京の若者が多用する「ソーナンダ」を方言に直訳して**ソーナガヤ**
と言う。また、相手の話の内容を理解し賛成する応答詞（共通語の「そうだね」）に、
アーネが広がりつつあるという。鹿児島の若者は、「あの店のケーキはおいしいね」
「**ダヨー**（そうだね）」のように、**ダヨー**や**ダカラヨー**を多用する。同じ鹿児島県でも
奄美地方の若者は、「そうだね」を**チャーチャー**、または**チャンガー**と言うそうだ。

現代社会における方言の機能

戦前はもちろん、戦後も高度成長期の頃までは、方言をマイナスイメージをもつ言
語として忌避する傾向が強かった。

明治政府は中央集権国家を確立するために、全国の言語を統一する必要があると考
え、徹底的な標準語教育を行った。そのために方言蔑視の風潮が蔓延し、沖縄では学
校で方言を使った児童の首に方言札を掛けてみせしめにするという懲罰まで行われた。
一九六〇年代の高度経済成長期には、全国各地の中学生が安い労働力として集団列車

で東京に送り込まれたが、彼らの多くは共通語を話すことができず、方言を笑われて自殺する者もあり、研究者の間に「方言コンプレックス」ということばが使われるようになった。

しかし、近年、共通語の普及にともない「方言衰退」の意識が広がると、逆に方言の価値が見直されるようになり、方言を教育・生活・娯楽・教養・観光などの場に活用しようとする動きが広がった。小学校の国語の教科書でも方言は日常の言語生活に必要なものとされ、また日本語の歴史を反映する生きた資料として取り上げられるようになった。一方、方言のもつ味わいを利用したさまざまな商品が開発されている。

教育における方言

小学校の学習指導要領では、「発音のなまりや癖を直し、必要に応じて共通語で話す」（一九六八年）から「方言・共通語は身につけるべき大切な能力」（二〇〇八年）のように、方言の位置づけが変わった。国語教育で方言が重視されるようになって、小学校の国語の教科書で方言の章が設けられたことにより、さまざまな副教材が刊行・発売されている。

NHK教育テレビでは、二〇〇三年から幼児向けの番組「にほんごであそぼ」を放

送している。この番組は毎週五日間、各一〇分の放送で、有名な文学作品の一節や各地の代表的な方言を寸劇風に紹介し、また、「雨ニモマケズ」「春はあけぼの」「私と小鳥と鈴と」などの各地方言訳を放送している。

　　　春は朝っぱらがええ　だんだんすろっぽくなり
　　　山のはじっぽが　あがりぐなってくっと
　　　むらさきががった雲が　よごさ　ぬたばったみでぐなる

　　　　　　　　　　　　　（春はあけぼの　福島県会津弁）

「にほんごであそぼ」は、「日本グッドデザイン大賞」（二〇〇四年）、「ゴールデン・アルベーナ国際エンターテイメント番組テレビ祭最優秀賞」（二〇〇四年）、「日韓中TV制作者フォーラム・エンターテイメント番組部門最優秀賞」（二〇〇七年）など、八つの賞を受賞している。

災害と方言

二〇一一年三月一一日に発生・襲来した大地震と大津波は、それに伴う原発事故を

含めて、東日本を中心に大きな被害をもたらした。多くの人々が住み慣れた故郷を捨てて、長期間にわたり見知らぬ土地に居住することを余儀なくされた。今後ふるさとに戻れるかどうか見通しの立たない人々も多い。

この事実は、地域社会の崩壊、方言を含む地域文化の消滅を招来しかねない。ただでさえ伝統的な方言が失われつつある今日、貴重な方言の話し手である高齢者が少なくなれば、方言消滅の危機は目前に迫っているとも言える。

この状況に危機感を抱いた東北大学・岩手大学・福島大学・茨城大学などの方言研究者は、大学院生を総動員して、東北地方や北関東地方の方言の収集を精力的におこなった。とくに、お年寄りの方言会話の録音・文字化に力を入れ、これまでに『生活を伝える被災地方言会話集』（東北大学方言研究センター）、『方言がつなぐ地域と暮らし・方言で語り継ぐ震災の記憶』（茨城大学杉本妙子研究室）など、数冊の方言会話資料（CD付）が刊行されている。この事業には文化庁も予算をつけて応援している。

これらの会話資料が将来の方言研究に役立つことはもちろんであるが、会話の内容には昔の生活ぶりを伝えるものが多く、また、今回体験した大災害の実情も庶民の目線で語られており、後世に残る貴重な歴史遺産と言える。地元の方言会話を音声で聴くことは、お年寄りの癒やしにもなり、その土地に住む子どもたちにも有益な郷土資

料と言えるだろう。

日本には日本語が不自由な外国人も多く住んでいる。機関が外国人に伝えるべき「やさしい日本語」の開発・研究をおこなっている。弘前大学では、災害時に行政

二〇一一年の大震災では多くの医療関係者やボランティアが被災地に駆けつけたが、その人たちは、お年寄りの方言を理解することに苦労したという。東北大学は、ボランティアのための方言パンフレットも作成している。国立国語研究所の竹田晃子は、身体の異常などを方言で伝える『東北方言オノマトペ用例集』(二〇一二年三月)を作成した。「ぎゃぎゃ」(腹がするどく痛むさま)、「だがだが」(動悸のはげしいさま)のような擬態語が収録されている。

東北大学方言研究センター『方言を救う、方言で救う 3・11被災地からの提言』(ひつじ書房)は、被災地の方言の特徴、方言の意義、研究者としての取り組み、今後の課題などについて総括的に記している。

商品・標語・ポスターにみる方言

方言に関する土産ものは、全国的にさまざまなものがある。戦前には「方言絵葉書」が各地で発売された。戦後は「方言手ぬぐい」が多い。そのほか、湯飲み、灰皿、

キーホルダー、万華鏡など数多くの方言土産が全国各地にある。なお、方言研究者の故徳川宗賢氏（とくがわむねまさ）が収集した方言グッズが、全国方言大会で知られる山形県三川町に寄贈されている。

鹿児島には九二四の焼酎（しょうちゅう）の銘柄があり、その中には「おやっとさあ」（お疲れさま）、「きょらむん」（美女）「よかにせどん」（美男子）などの方言名が五〇近くある。有名な「いいちこ」は、「良いとこそあれ（一番良い）」に由来する大分弁である。ビールでは「ビアっこ生」（東北、「こ」は東北弁の接尾辞）、「じょんのび」（新潟、のびのび）、「でらうま」（愛知、すごくうまい）、「広島じゃけん」（広島だから）という地ビールがある。

方言を利用した商品には、ほかに、携帯用ゲームソフトの「方言検定」や、「方言カーナビ」がある。「方言検定」は各県の代表的な方言を音声や文字で示し、その意味を問うものである。「方言カーナビ」には東北弁バージョンや関西弁バージョンなどがあり、それぞれの方言音声で道案内をしてくれる。実用というよりは遊びの一種とも言えるが、地元人にとっては共通語による案内よりも分かりやすく、かつ親しみやすいかもしれない。

看板やポスターには、「ゆっくり行こまいか」（愛知）、「シートベルトしちゃらん

せ」（大分）、「あぶのおっせ」（京都）のような交通安全の方言看板が全国的に多い。「庄内さ、よぐ来てくっだの」（山形県鶴岡駅）、「おいでませ。山口」のような観光看板や、「チェスト行け」（頑張れ）の意、鹿児島）のような甲子園の応援横断幕も見られる。二〇一一年の大震災後は、「がんばっぺ東北」の応援標語がポスターや電車・バス・トラックなどの車体に数多く見受けられた。

方言で遊ぶ

若者の間に、会話やメールなどで全国の方言をゲーム感覚で使う風潮が広がり、『かわいい方言手帖』（ふるさとナマリ研究会編、河出書房新社）、『全国方言スラスラブック』（本の森辞典編集部編、コアラブックス）、『ちかっぱめんこい方言練習帳！』（かわいい方言で日本を幸せにする会編、主婦と生活社）のような方言指南書が次々に登場した。田中ゆかりはこの風潮を「方言コスプレ」と命名して、社会言語学的に分析した。田中によれば、「方言コスプレ」（方言を用いたコスチューム・プレイ）とは、話し手自身が本来身につけている生まれ育った土地の方言とは関わりなく、日本語社会で生活する人々の頭の中にあるイメージとしての方言を演出することであり、関西人でもないのに「なんでやねん！」とつっこんだり、九州人でもないのに「お引き受けも

うしたでごわす」と「男らしく」引き受けたり、東北人でも北関東人でもないのに
「おねげえですだ」のようなことばで「純朴さ」を演出しながらお願いする現象を指
す。

　また、秋田方言、岩手方言、山形県酒田方言、山形県内陸方言、宮城県仙台方言、
群馬方言、信州方言、東京都八丈島方言など、全国各地の「方言かるた」が制作・
発売されており、百人一首を宮崎方言に翻訳したものもある。その大部分はＣＤ付き
で、方言文を方言音声で読み上げている。

　方言カルタの例をあげてみよう。

▽あっけづばご、たがいで、ちゃっちゃとうだれ
（ゴミ箱持ってさっさと捨てなさい）＝酒田
▽あがすけな、やろこあんつぁが、もうとしょり
（生意気だった若者がもう年寄りになった）＝山形
▽うっしょまえ、けっちゃに着てで、いずいごだ
（後ろ前、さかさに着ていてきつい感じだよ）＝仙台
▽あっぱめは、ねてあっても、かえーしきゃのー

（赤ん坊は寝ていてもかわいいね）＝八丈島

『信州茅野の方言カルタ』（信州茅野の方言カルタを作る会）はカルタのほかに言語地図（方言形の分布を示した地図）が付いている。たとえば、「ぞぜるな、やりもしなんで、しょぼろってぇ」（甘えるな、やりもしないで、小僧らしい）の札については、「ゾゼエル」（甘える）の分布地図が（別冊の地図集に）載っている。

明治学院大学ボランティアセンターの学生たちは、東日本大震災で大きな被害のあった岩手県大槌町で、津波で流された地元の方言集『吉里吉里語辞典』（関谷徳夫著、ハーベスト社）の復刻に協力し、さらに「吉里吉里カルタ」を作成した。例をあげよう。

▽朝な菓子、目覚めに食べる二ん度芋

▽さあ逃げろ、命を守るてんでんこ

「朝な菓子」とはいわゆる「おめざ」、「にどいも」は「じゃがいも」のことである。これらのカルタの制作は単なる娯楽用ではなく、滅びつつある伝統的な方言を若い

世代に伝えようとする教育的意図もあり、小中学生を集めてのカルタ会も行われ、世代間の交流にも役立っている。

教養・文芸・ドラマ

一般向けに全国の方言を紹介・解説した本は非常に多い。方言地図には徳川宗賢編『日本の方言地図』（中公新書）、佐藤亮一監修『お国ことばを知る　方言の地図帳』（小学館）、真田信治『方言の日本地図　ことばの旅』（講談社）など、CDによる方言紹介には杉藤美代子監修『方言ももたろう』（CD‐ROM「日本語探検シリーズ」富士通ビー・エス・シー）、齋藤孝『声に出して読みたい方言』（草思社）、坂井泉編『全国お郷ことば・憲法9条』（合同出版）、大原穣子『おくにことばで憲法を』（新日本出版社）など、方言辞典には佐藤亮一編『都道府県別　全国方言辞典』（三省堂）などがある。

『全国お郷ことば・憲法9条』は、憲法九条を全国四七都道府県の方言に訳したものである。条文の直訳ではなく、その精神を汲んで意訳しており、県ごとにニュアンスが異なる。冒頭部分の例をあげてみよう。

▽わんど（私たち）　津軽さ住んでる者は、みんなまどもな考えっこ持ってで、世のながあ（世の中）おがしぐなるごとのねえ、あずますぐ（心地よく）暮らしっこでぎる平和だせがい（世界）っこを心がら願っているんだ。そりゃあんた、地球には何百、何千ちゅう国や民族のおるとじゃけん、いろいろ考えの違うのは、当たりまえじゃろうが。　（長崎県西彼杵郡）

▽俺どめゃ日本国民は、曲がったこちゃちっとも好かんと。　（青森県南津軽郡）

方言詩集では津軽の高木恭造が有名であるが、『東北の方言詩』（山形県三川町教育委員会編）、やなせ・たかし『こんぺい糖の花』『青い鳥っこ』（サンリオ）のように全国から方言詩を募集して優秀作を刊行した本もある。また、方言川柳集に『仙台弁句辞典』（仙台文化出版社）など、古典を方言に翻訳したものに土居重俊『土佐日記　付　方言土佐日記　全訳注』（高知市文化振興事業団）、中井和子『現代京ことば訳　源氏物語』（大修館書店）、舟橋武志編『名古屋弁訳　仏説阿弥陀経』（ブックショップマイタウン）がある。そのほか、小説中の会話に方言を用いた作品は非常に多い。

『仙台弁句辞典』には、「口吸いはテレビで見てもオショスガス（恥ずかしい）」「オミョーニズ（お明日＝おやすみなさい）　お茶腹で出るいい月夜」のような味わいのある句

が多い。

『土佐日記』の冒頭の高知弁訳は、「おとこも、かくゆー、にっきとゆーもんを、お
なンごも、やってみよーおもーて、かくぞね」（をとこもすなる日記といふものを、を
むなもしてみんとてするなり）とある。このように文節のすべてに高知アクセント記号
が付いているので、このアクセントのとおりに朗読してみると、高知弁のニュアンス
が伝わってくる（傍線部分を高く発音する）。

会話の大部分が方言の漫画では、『博多っ子純情』（福岡）、『土佐の一本釣り』（高
知）、『じゃりン子チエ』（大阪）などが有名である。青森の伊奈かっぺいは方言エッ
セイや、方言CDを数多く刊行している。方言研究者で医師の山浦玄嗣は、聖書のケ
セン語訳（岩手県気仙地方の方言・CD付）を数冊刊行し、ローマ教皇に献呈した。N
HKの朝ドラでは方言色豊かな全国各地の「ご当地ドラマ」がたびたび放送されてい
る。

「方言コスプレ」という用語を創った田中ゆかりは、「生活のことば」として現実に
使われている方言を「リアル方言」、それぞれの地域をイメージさせるために使われ
る方言を「ヴァーチャル方言」と呼んでいる。ドラマの中で使われる方言は、会話の
ごく一部に現在ではほとんど使われていない「ヴァーチャル方言」を使い、地域のイ

メージ喚起と「分かりやすさ」を両立させている。テレビドラマの中で「リアル方言」を使ったら、その地域以外の視聴者はほとんど理解できないであろう。かつて薩摩（ま）弁を使ったドラマで、字幕付きで「リアル方言」を用いた例があった。

方言の機能の変化

方言は生活の中のことばであり、地域社会の人々が方言を使わずに生きていくことは困難である。その点は昔も今も変わらない。地域社会の現代人の言語生活が昔と大きく異なるのは、すべての世代の人々が方言と共通語を使い分ける能力を獲得しており、別の言い方をすれば、共通語を使う能力がなければグローバル化した現代社会を生きていくことが困難になったことである。

方言研究者の加藤正信（かとうまさのぶ）が四〇年以上前に指摘しているが、方言は地域差だけではなく、場面によって方言と共通語を使い分けるというスタイル（文体）の差を担うようになったのである。また、方言の衰退が意識されるにつれて方言の価値が見なおされ、教育、商業、文芸、娯楽など、さまざまな分野で方言が「活用」されるようになった。

筆者は山形県の高校を卒業して今は東京に住んでおり、出身高校の同窓生が集まるあるサークルに所属している。サークル活動が終わると飲み会が始まるが、そこでの

　会話を観察すると、共通語の中にときどき山形の方言が混じるという感じである。こ
のように、共通語に生育地の方言の部分的要素をちりばめる用法を、アクセサリーの
着脱になぞらえて「方言のアクセサリー化」と呼ぶ研究者もいる。

　筆者は、地方を旅行すると中年または高年の女性がいる小料理屋で飲むことが多い。
その店の女主人が話すことばは地元の客に対しては地元の方言、よそもの客である
筆者に対しては「アクセサリー化した方言」、すなわち「地方共通語」である。

　「方言コスプレ」に見られるように、近年は方言で「遊ぶ」という風潮まで生まれ、
研究者はこの現象を「方言のおもちゃ化」の時代と呼んでいる。この現象が一時的な
ものかどうかは長い目で見ないと分からない。しかし、完璧に近い共通語を話す能力
をもつ若者が高年に達したときには、「方言のアクセサリー化」が全国的に広がって
いる可能性はあるだろう。

　それぞれの地域で、どのような人が、どのような場所で、どんな
ことを話題にしているときに、どんなことばを使っているか、その実態を把握して日
本語の将来を見通すことが日本語研究者の課題である。

参考文献

安部清哉（一九八八年）〈旋風〉の変遷における方言分布の四つの層――古代語彙の二系列」『フェリス女学院大学紀要』第二三号

稲童丸克己（一九八二年）「日本酒のネーミング」『言語生活』三六三号

石井聖乃（二〇〇三年）「えらび歌の地域差に関する研究」『東京女子大学 言語文化研究』第一二号

加藤正信（一九七四年）「現代生活と方言の地位」『言語』三―七

九州方言学会編（一九六九年）『九州方言の基礎的研究』（風間書房）

国立国語研究所編（一九六三年）『沖縄語辞典』（大蔵省印刷局）

国立国語研究所編（一九八一年）『大都市の言語生活』（三省堂）

小林　隆（一九八三年）〈顔〉の語史」『國語學』第一三三集

小林好日（一九四〇年）『土筆の系譜』『文学』八―一一・一二

斎藤秀一編（一九三五年）『東京方言集』（私家版）、一九七六年に国書刊行会より復刻

刊行

坂井 泉編 (二〇〇四年)『全国お郷ことば・憲法9条』(合同出版)

佐藤亮一 (一九七五年)「言語地図からみた〝しあさって〟と〝やのあさって〟」『言語生活』二八四号

佐藤亮一監修 (二〇〇二年)『お国ことばを知る 方言の地図帳』(小学館)

佐藤亮一監修 (二〇〇四年)『標準語引き 日本方言辞典』(小学館)

佐藤亮一編 (二〇〇九年)『都道府県別 全国方言辞典』(三省堂)

仙台文化出版社編 (一九八六年)『仙台弁句辞典』(仙台文化出版社)

橘 正一 (一九三五年)「馬鈴薯の方言」『外来語研究』三―一

田中ゆかり (二〇一一年)『「方言コスプレ」の時代』(岩波書店)

土居重俊 (一九八九年)『土佐日記 付方言土佐日記 全訳注』(高知市文化振興事業団)

土井忠生・森田武・長南実編訳 (一九八〇年)『邦訳日葡辞書』(岩波書店)

東京都教育委員会編 (一九八六年)『東京都言語地図』(私家版)

東北大学方言研究センター (二〇一二年)『方言を救う、方言で救う 3・11被災地からの提言』(ひつじ書房)

徳川宗賢・W・A・グロータース編（一九七六年）『方言地理学図集』（秋山書店）

徳川宗賢編（一九七九年）『日本の方言地図』（中公新書）

徳川宗賢・佐藤亮一編（一九八九年）『日本方言大辞典』（小学館）

中村通夫（一九五三年）「「来れる」「見れる」「食べれる」などという言い方について
　　の覚え書」『金田一博士古稀記念　言語・民俗論叢』（三省堂）

日高貢一郎（一九九六年）「方言の有効活用」『方言の現在』（明治書院）

松本　修（一九九三年）『全国アホバカ分布考──はるかなる言葉の旅路』（太田出版）、
　　一九九六年に新潮文庫に改訂収録

前田富祺（一九六七年）「指のよび方について」『文芸研究』五六号

柳田國男（一九三〇年）『蝸牛考』（刀江書院）

柳田國男（一九五六年）『野草雑記』（甲鳥書林）

柳田國男監修（一九七〇年）『改訂綜合日本民俗語彙』（平凡社）

本書は、二〇一五年九月に新日本出版社より刊行された『滅びゆく日本の方言』を改題し文庫化したものです。

日本の方言

佐藤亮一

令和3年 6月25日　初版発行
令和6年 10月30日　3版発行

発行者●山下直久

発行●株式会社KADOKAWA
〒102-8177　東京都千代田区富士見2-13-3
電話　0570-002-301(ナビダイヤル)

角川文庫 22719

印刷所●株式会社KADOKAWA
製本所●株式会社KADOKAWA

表紙画●和田三造

●お問い合わせ
https://www.kadokawa.co.jp/ (「お問い合わせ」へお進みください)
※内容によっては、お答えできない場合があります。
※サポートは日本国内のみとさせていただきます。
※Japanese text only

JASRAC 出 2104271-403

角川文庫発刊に際して

角川源義

第二次世界大戦の敗北は、軍事力の敗北であった以上に、私たちの若い文化力の敗退であった。私たちの文化が戦争に対して如何に無力であり、単なるあだ花に過ぎなかったかを、私たちは身を以て体験し痛感した。西洋近代文化の摂取にとって、明治以後八十年の歳月は決して短かすぎたとは言えない。にもかかわらず、近代文化の伝統を確立し、自由な批判と柔軟な良識に富む文化層として自らを形成することに私たちは失敗して来た。そしてこれは、各層への文化の普及滲透を任務とする出版人の責任でもあった。

一九四五年以来、私たちは再び振出しに戻り、第一歩から踏み出すことを余儀なくされた。これは大きな不幸ではあるが、反面、これまでの混沌・未熟・歪曲の中にあった我が国の文化に秩序と確たる基礎を齎らすためには絶好の機会でもある。角川書店は、このような祖国の文化的危機にあたり、微力をも顧みず再建の礎石たるべき抱負と決意とをもって出発したが、ここに創立以来の念願を果すべく角川文庫を発刊する。これまで刊行されたあらゆる全集叢書文庫類の長所と短所とを検討し、古今東西の不朽の典籍を、良心的編集のもとに、廉価に、そして書架にふさわしい美本として、多くのひとびとに提供しようとする。しかし私たちは徒らに百科全書的な知識のジレッタントを作ることを目的とせず、あくまで祖国の文化に秩序と再建への道を示し、この文庫を角川書店の栄ある事業として、今後永久に継続発展せしめ、学芸と教養との殿堂として大成せんことを期したい。多くの読書子の愛情ある忠言と支持とによって、この希望と抱負とを完遂せしめられんことを願う。

一九四九年五月三日

日本語質問箱　　　　　　　森田良行

日本語をみがく小辞典　　　森田良行

気持ちをあらわす
「基礎日本語辞典」　　　　森田良行

違いをあらわす
「基礎日本語辞典」　　　　森田良行

時間をあらわす
「基礎日本語辞典」　　　　森田良行

なぜ「水を沸かす」といわず、「湯を沸かす」というの？ 何気なく使っている言葉の疑問や、一字違うだけで意味や言い回しが変わる日本語の不思議をやさしく解き明かす。よりよい日本語表現が身に付く本。

豊かな日本語の語彙を自由に使いこなすために。辞書の中でしか見ない言葉、頭の片隅にはあるが使いこなせない言葉を棚卸しし、いつでも取り出せるように簡単整理！ 言葉の上手な利用法のいろはを学ぶ辞典。

「驚く」「びっくりする」「かわいそう」「気の毒」など、普段よく使う言葉の中から心の動きを表すものを厳選。日本人特有の視点や相手との距離感を分析し、使い分けの基準を鮮やかに示した、読んで楽しむ辞書。

「すこぶる」「大いに」「大変」「なんら」など、普段使っている言葉の中から微妙な状態や程度を表わすものを厳選。その言葉のおおもとの意味や使い方、差異を徹底的に分析し、解説した画期的な日本語入門。

日本語の微妙なニュアンスを、図を交えながら解説する『基礎日本語辞典』から、「さっそく」「ひとまず」など、「時間」に関する語を集める。外国語を学ぶときに、誰もが迷う時制の問題をわかりやすく解説！

角川ソフィア文庫ベストセラー

「しかし」「あるいは」「〜なら」などの接続詞から、「〜なら」「〜ない」などの助詞まで、文意に大きな影響を与える言葉を厳選。思考のロジックをあらわす言葉の使い方、微妙な違いによる使い分けを鮮やかに解説！

「あわや優勝」はなぜおかしい？「夕ごはん」ではなく、なぜ「夜ごはん」というの？敬語や慣用句をはじめ、ちょっと気になることばの疑問を即座に解決。面白くてためになる日本語教室！

言語の差異や摩擦を和語表現の多様性へと転じた訓読みは、英語や洋数字、絵文字までも日本語の中に取り入れた。時代の波に晒されなから変容してきたユニークな例を辿り、独自で奥深い日本語の世界に迫る。

漢文は言文一致以降、衰えたのか、日本文化の基盤として生き続けているのか──。古い文体としてではなく、現代に活かす古典の知恵だけでもない、「もう一つのことばの世界」として漢文脈を捉え直す。

普通の会話でもヨーロッパ言語三〜四カ国語分にも相当するという日本語の奥深さや魅力を、言語学の第一人者が他言語と比較しながら丁寧に紹介。日本語ならではの美しい表現も身につく目から鱗の日本語講義！

角川ソフィア文庫ベストセラー

美しい日本語

金田一春彦

日本人らしい表現や心を動かす日本語、間違いやすい言葉、「が」と「は」は何が違うのか、相手にもわかりやすく説明するための六つのコツなどを、具体的なアドバイスを交えつつ紹介。日本語力がアップする！

悪文
伝わる文章の作法

編著/岩淵悦太郎

わずかな違いのせいで、文章は読み手に届かないばかりか、誤解や行き違いをひきおこしてしまう。するりと頭に入らない悪文の、わかりにくさの要因はどこにあるのか？　伝わる作文法が身につく異色文章読本。

文章予測
読解力の鍛え方

石黒　圭

文章の読解力を伸ばすにはどうすればよいか？　答えは【予測】にあった！　幅広いジャンルの秀逸な文章で【予測】の技術を学べば、誰でも「読み上手」になれる。作文にも役立つ画期的な「文章術」入門書。

辞書から消えたことわざ

時田昌瑞

著者は『岩波ことわざ辞典』等を著した斯界の第一人者。世間で使われなくなったことわざを惜しみ、「名品」200本余を、言葉の成り立ち、使われた文芸作品、時代背景などの蘊蓄を記しながら解説する。

いろごと辞典

小松奎文

世界中の性用語、方言、現代の俗語・隠語まで網羅。【甘露水】＝精液。【騒水】＝女性が淫情を感じて分泌する愛液。【花を散らす】＝女性の初交……創造力を刺激する語彙と説明が楽しい圧巻の「性辞典」。

角川ソフィア文庫ベストセラー

悩ましい国語辞典

神永　曉

辞書編集37年の立場から、言葉が生きていることを実証的に解説。思いがけない形で時代と共に変化する言葉を、どの時点で切り取り記述するかが腕の見せ所。編集者を悩ませる日本語の不思議に迫るエッセイ。

明治生まれの日本語

飛田良文

私たちの日本語には、150年前には誰も知らなかった明治の新語、流行語があふれている。「時間」「世紀」「恋愛」「新婚旅行」から「個人」「常識」「科学」まで。国語辞典の編纂者が迫る、言葉の誕生の物語。

日本語をどう書くか

柳父　章

日本語の書き言葉と話し言葉は、異なる言語ほどに違う。しかしその違いさえわかれば、よい文章は必ず書ける。文章の語感、文末語の重要性とは？　段落や句読点の使い方は？　翻訳論の大家による文章読本。

新版 万葉集 （一〜四）
現代語訳付き

訳注／伊藤　博

古の人々は、どんな恋に身を焦がし、誰の死を悼み、そしてどんな植物や動物、自然現象に心を奪われたのか――。全四五〇〇余首を鑑賞に適した歌群ごとに分類。天皇から庶民にいたる万葉人の想いが今に蘇る！

風土記 （上）（下）
現代語訳付き

監修・訳注／中村啓信

風土記は、八世紀、元明天皇の詔により諸国の産物、伝説、地名の由来などを撰進させた地誌。現存する資料を網羅し新たに全訳注。漢文体の本文も掲載する。常陸、出雲、播磨、豊後、肥前と逸文を収録。

角川ソフィア文庫ベストセラー

俳句歳時記　第五版　秋

編／角川書店

風の音を秋の声に見立て、肌に感じる涼しさを新涼と名づけた先人たち。深秋、灯火親しむ頃には、もののあわれがしみじみと感じられる。月光、虫の音、木犀の香——情趣と寂寥感が漂う秋の季語には名句が多い。

俳句歳時記　第五版　冬

編／角川書店

「寒来暑往　秋収冬蔵」冬は突然に訪れる。紅葉や時雨を経て初雪へ。蕭条たる冬景色のなか、暖を取る工夫の数々が冬の季語には収斂されている。歳末から年が明けて寒に入ると、春を待つ季語が切々と並ぶ。

俳句歳時記　第五版　新年

編／角川書店

元日から初詣、門松、鏡餅、若水、屠蘇、雑煮など、伝統行事にまつわる季語が並ぶ新年。年頭にハレの日を設けた日本人の叡知と自然への敬虔な思いが随所に顕れている。作句に重宝！　全季語・傍題の総索引付。

今はじめる人のための俳句歳時記　新版

編／角川学芸出版

現代の生活に即した、よく使われる季語と句作りの参考となる例句に絞った実践的歳時記。俳句Q&A、句会の方法に加え、古典の名句・俳句クイズ・代表句付き俳人の忌日一覧を収録。活字が大きく読みやすい！

覚えておきたい極めつけの名句1000

編／角川学芸出版

子規から現代の句までを、自然・動物・植物・人間・生活・様相・技法などのテーマ別に分類。他に「切れ・切れ字」「俳句と口語」「新興俳句」「季重なり」「句会の方法」など、必須の知識満載の書。

角川ソフィア文庫ベストセラー

覚えておきたい芭蕉の名句200

編／松尾芭蕉
編／角川書店

漂泊と思郷の詩人・芭蕉のエッセンスがこの一冊に！　一ページに一句、不朽の名句200句が口語訳と明快な解説と共に味わえる。名言抄と略年譜、初句・季題索引付き。芭蕉入門の決定版！

俳句のための基礎用語事典

編／角川書店

「不易流行」「風雅・風狂」「即物具象」「切字・切れ」「倒置法」など、俳句実作にあたって直面する基礎用語100項目を平易に解説。俳諧・俳句史から作句法までを網羅した、俳句愛好者必携の俳句事典！

俳句、はじめました

岸本葉子

人気エッセイストが俳句に挑戦！　俳句を支える季語の力に驚き、句会仲間の評に感心。冷や汗の連続だった吟行や句会での発見を通して、初心者がつまずくポイントがリアルにわかる。体当たり俳句入門エッセイ。

芭蕉のこころをよむ 「おくのほそ道」入門

尾形仂

『おくのほそ道』完成までの数年間に芭蕉は何を追い求めたのか。その創作の秘密を解き明かし、俳諧ひと筋に生きた芭蕉の足跡と、"新しみ"や"軽み"を常とした作句の精神を具体的かつ多角的に追究する。

季語うんちく事典

編／新海均

俳句歳時記には載っていない、面白くて意外で、ちょっと余分な(⁉)季語のトリビア200超が大集合！　季語ということばの趣きと豊かさを感じながら、句友との話題も盛り上がる、愉快でためになる事典。

今はじめる人のための
短歌入門

岡井　隆

短歌をつくるための題材や言葉の選び方、知っておく
べき先達の名歌などをやさしく解説。「遊びとまじめ」
「事柄でなく感情を」など、テーマを読み進めるごと
に歌作りの本質がわかってくる。正統派短歌入門！

昭和短歌の精神史

三枝昂之

斎藤茂吉、窪田空穂、釈迢空、佐々木信綱――。戦
中・戦後の占領期を生き抜いた歌人たちの暮らしや想
いを、当時の新聞や雑誌、歌集に戻り再現。その内面
と時代の空気や閉塞感を浮き彫りにする革新的短歌史。

短歌の作り方、
教えてください

一青窈

俵万智のマンツーマン短歌教室に、一青窈が入門！
臨場感あふれるふたりの実作レッスンのやりとりを辿
る、画期的な短歌入門書。添削指導のほか、穂村弘や
斉藤斎藤を迎えた特別レッスンのようすも収録。

古典文法質問箱

大野　晋

高校の教育現場から寄せられた古典文法のさまざまな
八四の疑問に、例文に即して平易に答えた本。はじめ
て短歌や俳句を作ろうという人、もう一度古典を読ん
でみようという人に役立つ、古典文法の道案内！

古典基礎語の世界
源氏物語のもののあはれ

編著／大野　晋

『源氏物語』に用いられた「もの」とその複合語を徹底
解明し、紫式部が場面ごとに込めた真の意味を探り当
てる。社会的制約に縛られた平安時代の宮廷人達の生
活や、深い恐怖感などの精神の世界も見えてくる！